Couverture inférieure manquante

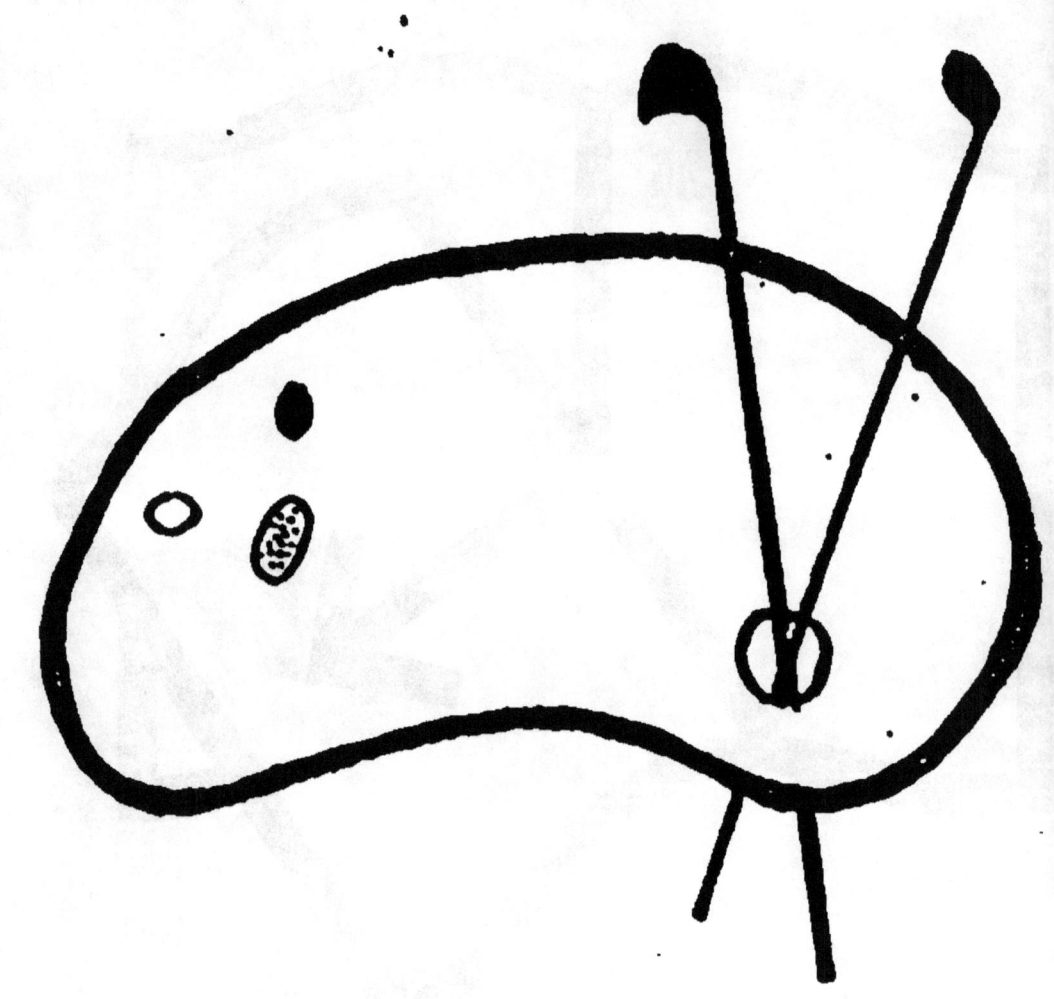

FEUILLES DE ROUTE
EN TUNISIE

PAR

LÉO CLARETIE

PARIS
CALMANN LÉVY, ÉDITEUR
RUE AUBER, 3, ET BOULEVARD DES ITALIENS, 15
A LA LIBRAIRIE NOUVELLE
—
1893

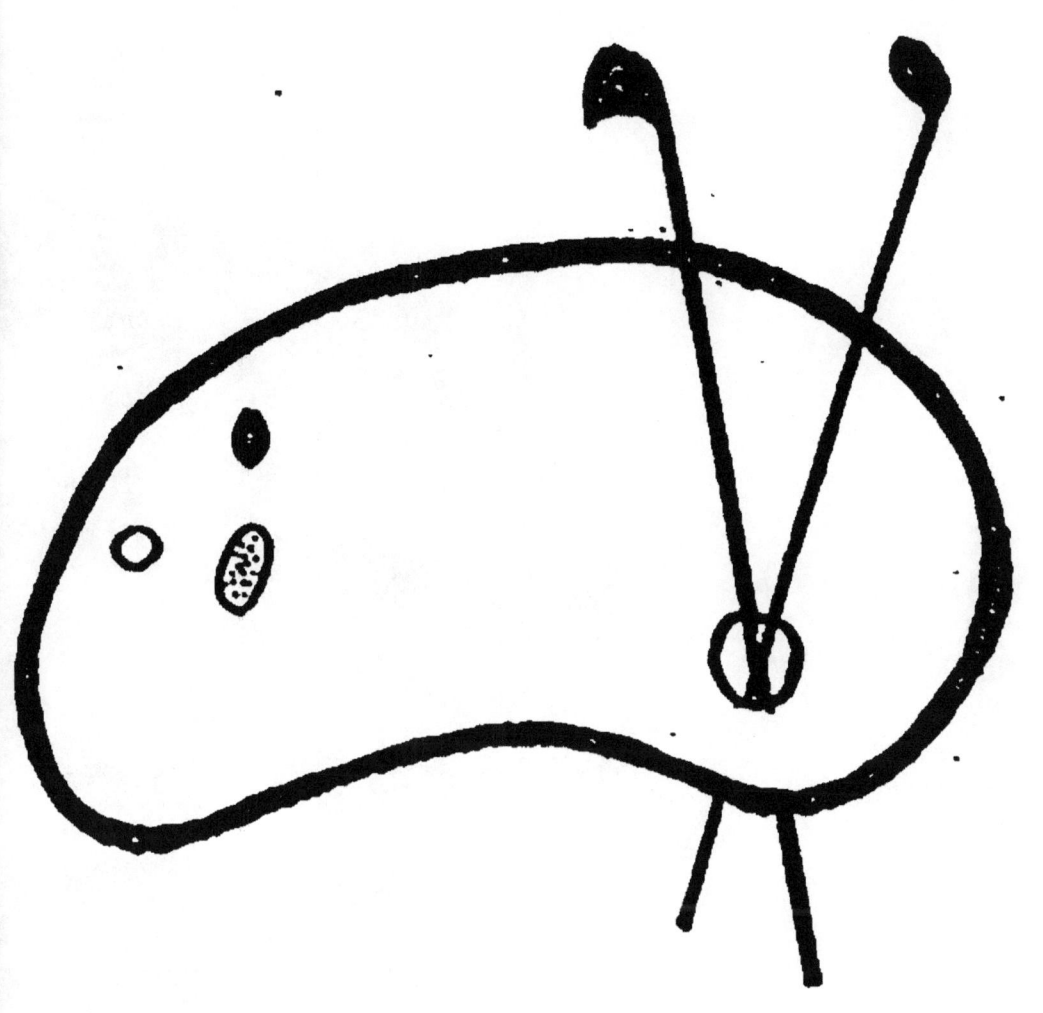

FIN D'UNE SERIE DE DOCUMENTS EN COULEUR

O³i.
348

FEUILLES DE ROUTE
EN TUNISIE

DU MÊME AUTEUR

PARIS DEPUIS SES ORIGINES, 1 vol. in-4° illustré, préface de JULES CLARETIE, de l'Académie française (Charavay).

FLORIAN, L'HOMME ET L'ÉCRIVAIN, 1 vol. in-8° (Lecène et Oudin).

LESAGE ROMANCIER, 1 vol. in-8° (A. Colin). *Ouvrage couronné par l'Académie française.*

L'UNIVERSITÉ MODERNE, 1 vol. in-4° illustré, préface de M. GRÉARD, de l'Académie française (Delagrave).

Droits de reproduction et de traduction réservés pour tous pays, y compris la Suède et la Norvège.

FEUILLES DE ROUTE
EN TUNISIE

PAR

LÉO CLARETIE

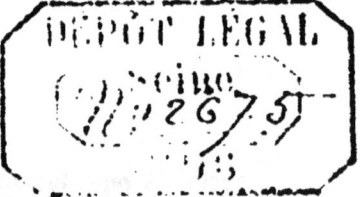

PARIS
CALMANN LÉVY, ÉDITEUR
ANCIENNE MAISON MICHEL LÉVY FRÈRES
3, RUE AUBER, 3
—
1893

A LA MÉMOIRE

DE

J. MASSICAULT

MINISTRE PLÉNIPOTENTIAIRE, RÉSIDENT GÉNÉRAL DE FRANCE A TUNIS

FEUILLES DE ROUTE
EN TUNISIE

LE DÉPART. — EN MER

Accoudé sur le bastingage du paquebot, je regarde les derniers préparatifs du départ. Une activité de fourmilière anime les quais de la Joliette; le soleil des premiers jours d'avril éclaire encore Marseille et illumine de ses feux couchants la lointaine et grande image de Notre-Dame de la Garde. Autour du bassin, devant la rangée monotone des entrepôts, des bureaux de la douane, des agences maritimes, entre les pavillons de l'octroi, les ballots empilés, les tas de blé ou de café que vannent des ouvriers en bonnet rouge de galériens, c'est un croisement compliqué de lourds wagons, de camions traînés par des chevaux à qui leur collier haut et pointu donne une vague apparence de licornes, fort propre à flatter l'imagination provençale.

Mes compagnons de voyage regardent fonctionner la grue qui charge à fond de cale un troupeau de bœufs, puis ils explorent les ponts, les salons, les cabines où nos bagages sont déjà débouclés. L'un d'eux est un charmant garçon, le fils d'une des meilleures et des plus bienfaisantes dames de Paris. L'autre est un agréable étudiant en médecine, dont la trousse bien garnie demeurera, heureusement, à l'état d'objet de luxe. Nous ne serons pas seuls : par une coïncidence, qui nous eût moins étonnés si elle se fût produite place de l'Opéra, je retrouve, adossé au grand mât, un de mes bons camarades d'École normale, un jeune professeur distingué de notre Université, et, presque en même temps, un autre de mes amis récemment marié, qui emmène sa jeune femme en tournée de noces à travers la Tunisie, l'Algérie, le Maroc et l'Espagne. Le hasard a de ces surprises. Nous avons l'air de jouer les *Rendez-vous bourgeois*. Allons! nous sommes en nombre, et nous nous faisons l'effet d'une délégation chargée par la race blanche d'aller saluer le continent noir.

Tandis que les autres paquebots, la poupe contre terre, alignent leurs épaisses carènes peintes au minium, sur le nôtre la grue laborieuse a fini son office. Bœufs et colis ont été descendus à fond de cale. Les chaînes, les poulies, les palans s'arrêtent; amis et parents descendent hâtivement du bord pour courir au bout de la jetée, d'où leurs blancs mouchoirs nous salueront au passage. Les radeaux s'éloignent; le vide se fait autour de nous, l'escalier est hissé; un coup de sifflet donne le signal et les premiers coups de piston ébranlent l'hélice. Nous sentons l'Europe fuir sous nos pieds.

Les rocs tourmentés, les îlots déchiquetés, les falaises accidentées des côtes de la Provence disparaissent et ne sont plus là-bas qu'une ligne d'ocre vive rayant le ciel. Les matelots ont achevé d'enrouler les câbles, les chaînes; tout est en ordre; ils lancent les derniers seaux d'eau et les derniers coups de balai. Le dîner sonne. Dans le salon, la table, les sièges, les lampes Cardan, les couverts, les garçons suivent gracieusement le balancement des ondes, tandis que, une à une, les dames plus pâles se lèvent discrètement et regagnent leur cabine. Le mal de mer plane sous les solives du pont comme une divinité malfaisante, frappant les convives aveuglément. Ceux qui résistent ouvrent des paris; celui qui se sent touché se lève automatiquement et disparaît, comme un enfant que son maître envoie en pénitence dans la cave.

La houle grossit, le pont est inhabitable. Tout le monde va se coucher, bien avant l'heure accoutumée des poules sur le plancher des vaches.

Le lendemain matin, le temps est radieux. Autour de nous, l'eau soulevée retombe en vagues mousseuses dont l'écume se déchire et surnage en lambeaux : on dirait un immense voile de tulle tout déchiqueté, furieusement labouré par l'éperon du navire, et dont les débris épars flotteraient tristement à nos côtés. A l'arrière, l'eau bouillonne et tourbillonne sous les coups redoublés de l'hélice, et fait au navire une longue traîne bleue frangée de dentelle blanche. L'horizon est vide. Nous sommes le centre d'un immense plateau circulaire que le ciel recouvre comme d'une cloche, et qui se déplace avec nous.

Quand on n'est ni marin ni marchand, quand on n'est pas rivé à bord par le devoir, ni inquiété par les risques des intérêts engagés, on ne s'ennuie pas pendant la traversée. C'est une existence nouvelle, tout en dehors de la routine. L'imprévu plaît ordinairement par lui-même : si son charme ne dure guère, c'est qu'il cesse d'être presque aussitôt qu'il est. De plus, le personnel du bord est ici Marseillais, et, comme chacun sait, un seul Marseillais connaît et invente plus d'histoires réjouissantes qu'il n'en faudrait pour distraire des passagers pendant le périple de l'Afrique.

Une certaine philosophie enseigne que l'âme humaine est un microcosme imitant en réduction le macrocosme externe. Le navire en mer partage avec l'âme humaine ce précieux privilège. Il imite la société, en miniature, avec ses chefs, son aristocratie, ses basses classes, ses préjugés, ses sympathies, ses coquetteries, ses morceaux de piano, et les œillades des messieurs bien peignés dans le salon meublé de velours rouge, et le flirtage dans les couloirs, où le roulis fait trébucher les passagères comme si elles étaient ivres, ivres de désœuvrement et de brume salée. La vie à bord, comme la vie à terre, a aussi ses drames, qui se préparent, se corsent et se dénouent en moins de temps qu'il n'en faut à une tragédie en vers.

Il y avait, sur le paquebot, une charmante jeune fille, une brune sinon jolie, du moins piquante, que sa franche gaieté et son insouciante jeunesse avaient tout de suite rendue sympathique à tous en général, et en particulier au docteur du bord. Elle était accompagnée de son oncle, un Napolitain gros et court, qui portait, avec une figure ronde et une barbe noire, une énorme décoration multicolore à la boutonnière de sa jaquette. L'oncle était venu chercher sa nièce en France pour l'épouser à Tunis, ainsi que font, dans les comédies de Molière, les pirates d'Alger qui enlèvent des Égyptiennes. Aussi vit-il d'un mauvais œil les assiduités de l'intempérant docteur, les duos en musique, les séances d'hypnotisme au salon, et cette intimité déjà si étroite au bout de vingt heures de mer. Les Napolitains ont la tête chaude et le sang à fleur de peau. Jour et nuit, on pouvait voir l'Othello tunisien arpenter le pont, enjamber les paquets de cordages, débusquer soudain au détour d'une cambuse, faire le guet derrière la cheminée de la machine, escalader les passerelles, pour surprendre son infidèle en tête à tête avec le suborneur. Mais le couple coupable, plus léger qu'un vol de mouette, esquivait sans doute ces investigations indiscrètes, car l'oncle errait toujours, et quand il retrouvait sa nièce, elle était seule, accoudée au bastingage, occupée à contempler avec candeur les sauts des marsouins dans les petites vagues irisées.

L'histoire eut un dénouement digne d'un Marseillais et d'un Napolitain. L'oncle finit par éclater. Cramoisi, avec de grands gestes, il porta plainte au commandant : « On ne respectait pas les honnêtes femmes à son bord ! » Le commandant tança vertement le docteur :

— Té ! Êtes-vous fou, par saint Pancrace ? Eh ! vous me compromettez, mon bon ! Nous sommes tous solidaires ici, la Compagnie n'a qu'à nous mettre à pied !...

— Quoi ? Comment ? il a porté plainte ? Et de quoi ? Té ! qu'est-ce que je lui ai fait ? On ne peut plus causer ? Eh ! qu'il vienne donc à moi se plaindre ! Il reçoit quatre calottes et je le f... par-dessus bord ! Ah ! mais, pas moins.

— Non, non ! ne faites pas cela ! Tenez, croyez-moi, étouffons l'affaire, et allez lui faire des excuses.

— Soit, pour cette fois. J'y vais.

— Non, surtout n'y allez pas maintenant ! Té ! cet homme est monté, il est hors de lui ! Attendez un peu, et tâchez de l'amadouer, té !

— Soit, tout va bien.

Et tout alla si bien, qu'une heure après les farouches rivaux riaient, la main dans la main. Le drame finissait en vaudeville. *Much ado about nothing!* L'autre est devenu sans doute le meilleur ami du mari. C'est la commune loi, sur la terre et sur l'onde.

Pendant ce temps, indifférents à la comédie humaine, les dauphins souffleurs jouent autour de nous, et lancent des nuages de poussière d'eau. Dans l'entrepont, deux malheureuses Italiennes, qui ont été fort éprouvées par le mal de mer, dorment sur les planches, dépeignées, la tête appuyée sur leurs valises ouvertes, étendues dans le dé-

1.

sordre de leurs jupes dégrafées, de leurs corsets épars dans les épluchures de mandarines, insouciantes de leur gorge pendante. La pudeur est un luxe de la santé, quand elle n'est pas une habileté de la laideur.

Le soir approche. Le soleil se couche dans sa gloire. Ici, rien ne le masque; il tombe à nos pieds, devant un fond merveilleux. L'horizon est embrasé, et offre, dans une dégradation savante qui fait le désespoir du peintre, le passage harmonieux d'une teinte à l'autre depuis le rouge feu, l'ocre, les nuances orangées, depuis le vert tendre jusqu'au bleu pâle du ciel au zénith. Sur ce fond se détachent, comme des flocons, de petits nuages sombres que le soleil couchant éclaire par derrière et cerne d'un mince liseré lumineux. A l'opposé, un point rouge incendie la mer, comme si, tout au loin, un navire brûlait. Le point grossit et monte. C'est à présent comme une lointaine montagne de lave incandescente qui grandit, grandit toujours. Mais déjà le disque entier s'est détaché, et la lune apparaît dans toute sa splendeur, rouge et démesurément élargie, pareille à une énorme lanterne japonaise suspendue à la voûte bleue. Elle s'élève ; un nuage la coupe d'une étroite bande noire ; elle en ressort pour entrer dans l'azur immaculé du zénith, et les étoiles se mettent à briller pour illuminer le passage de leur reine. Étendu sur un paquet de cordages, je n'aperçois plus que le ciel et la pointe du grand mât, qui se balance en suivant le mouvement du navire : on dirait une grande aiguille décrivant des arabesques, et traçant des signes obscurs sur la carte constellée du ciel, conduite par quelque invisible magicien. Derrière moi, un gros panache de fumée s'échappe de l'épaisse cheminée et nous suit, comme un voile de tulle noir qui flotte sur la nuque d'une amazone lancée au galop.

Sur le pont, il faut enjamber de longs ballots qui sont des matelots ou des soldats enroulés dans des toiles, tandis que le disque étincelant de la lune s'avance au milieu de la pluie scintillante des étoiles. Ses reflets, qui dorent la crête des lames, rayent la mer d'une bande de lumière : on dirait le sillage éblouissant de quelque fantastique vaisseau fantôme qu'on ne verrait plus, et qui aurait disparu là-bas derrière les mystères de l'horizon fuyant.

Mollement bercé dans ma couchette par le léger tangage du navire, je vois à travers le hublot monter et descendre le paysage extérieur, comme si, derrière la cloison, s'ouvrait un immense panorama qui représenterait la mer et le ciel étoilé, et dont la toile serait animée d'un perpétuel mouvement de montée et de descente. J'entends le chant monotone des petites vagues qui clapotent contre la carène goudronnée, les battements réguliers et sourds de l'hélice. Dans mon rêve, il me semble que je suis redevenu tout enfant, et que ce navire est un frêle berceau perdu dans l'immensité, amoureusement bercé par notre bonne mère Nature.

Au réveil, nous avons devant nous la côte

africaine, ses montagnes bleues, ses îlots rocheux et jaunes, ses bouquets de palmiers ombrageant des maisons basses, carrées, blanches : c'est Porto Farina, c'est le cap Bon. Dans quelques heures, nous découvrirons Carthage.

Carthage ! Tunis ! que de souvenirs, que de visions lointaines et grandioses illuminent la mémoire devant ces rivages illustres, ces contrées autrefois prospères, aujourd'hui mornes comme la mort ! Ces mêmes flots qui se tordent sous l'hélice de notre paquebot, les rameurs romains les ont frappés de leurs lourds avirons quand la flotte, sous les ordres de Scipion Émilien, débarqua ses phalanges bardées de fer, ses légions hérissées de lances, de casques empanachés et d'aigrettes rouges au son des trompettes recourbées que répercutait l'écho des djebels d'alentour. Tite-Live a raconté cette traversée, et son récit, relu sur ces flots qui portèrent les antiques galères, éclaire d'une lueur intense tout un coin du passé : « Vers midi, il s'éleva un brouillard épais, et les vaisseaux pouvaient à peine éviter de s'entrechoquer. Le vent devint plus doux en pleine mer; la brume continua la nuit suivante; elle se dissipa au lever du soleil, et le vent souffla avec plus de violence. Déjà l'on apercevait la terre, et peu de temps après le pilote avertit Scipion qu'on n'était plus qu'à cinq milles de la côte d'Afrique : il distinguait le cap de Mercure; il attendait l'ordre de mettre le cap dans cette direction, et il garantissait qu'en quelques heures toute la flotte serait dans le port. Scipion, à la vue de la terre, prie les dieux qui lui montrent l'Afrique de lui accorder leur protection dans l'intérêt de la République. Il donne l'ordre de passer outre pour aborder plus bas. Le même vent poussait les navires; il s'éleva, à la même heure que la veille, une brume épaisse qui déroba la vue de la terre et fit tomber la brise. Alors la nuit augmenta l'incertitude : on jeta l'ancre, pour éviter les chocs et pour ne pas échouer au rivage. Le jour ramena le vent, et, dissipant le brouillard, découvrit toutes les côtes de l'Afrique. Scipion demanda le nom du cap le plus voisin. On lui dit qu'il s'appelait le cap Beau. « J'en accepte l'augure, reprit-il ; c'est là qu'il faut aborder. » La flotte se rangea à la côte et toutes les troupes prirent terre, deux jours après être sorties de Lilybée. » On s'étonne d'une telle rapidité et d'une telle sûreté dans une traversée au large où vigies et pilotes n'avaient aucun des secours qui guident aujourd'hui les capitaines de nos navires.

Là-bas, sur la hauteur, il semble qu'on voie se profiler encore la grande ombre de Marius proscrit, assis sur les ruines de la cité d'Hannibal. Puis ce sont les cavaliers de Juba fuyant à bride abattue le champ de bataille de Thapsus ; ce sont les hordes de Tacfarinas écrasées par la conquête romaine ; ce sont les navires de plaisance amenant l'aristocratie latine dans les splendides villas où elle venait passer la chaude saison, au pied des délicieuses collines de la Marsa.

Un galop lointain de chevaux emportés fait trembler le sol; l'air retentit de cris sauvages : à demi nus sur leurs montures petites et nerveuses, les cheveux longs et crépus, le teint bruni, armés d'un bouclier de cuir et brandissant de longues javelines, les Vandales accourent, ivres de rapine et de destruction, tandis que les Africains épouvantés se réfugient à l'église où les exhorte la voix douce et ferme de saint Augustin.

Que de grandes figures encore dont le souvenir semble toujours planer au-dessus des palmiers gris : Belisaire, que l'infortune et la disgrâce guettent déjà; puis l'Ommiade Mohaviah se ruant sur Carthage au galop de ses escadrons arabes aux belles selles dorées. C'est le temps de la grandeur des Sarrazins; les Califes répandent jusque chez les nègres du désert la parole de l'Islam; les mosquées blanches surgissent du sol et couvrent la moitié du monde, de la Mecque à Kairouan, de Kairouan à Cordoue. La civilisation musulmane illumine l'Afrique de ses reflets d'or, de ses mosaïques aux teintes vives, de ses broderies, de ses étoffes précieuses, de ses incrustations patientes où la nacre et l'argent resplendissent sur un fond d'ébène. Mais déjà les croisades jettent l'un sur l'autre le monde chrétien et l'armée des infidèles. Sur la côte, en face des flots que notre navire sillonne, dans le décor pittoresque d'un campement français au XIIIe siècle, tandis qu'en rade se balancent les énormes galères pavoisées de fleurs de lis, tandis que se dressent jusqu'à l'horizon les tentes multicolores et les gonfanons rouges, au milieu du fourmillement des gens d'armes bardés de fer, des chevaux revêtus d'acier, des casques ronds garnis d'un voile en tissu de mailles, — au centre, sous le pavillon d'honneur, étendu sur une couchette, le bon roi Loys se meurt, et son âme blanche emporte au ciel tout un passé de loyauté, de piété, de courage. Une petite chapelle s'élève aujourd'hui à cette place fatale, où faillit crouler sous les armes de Mohammed Mostanser tout l'effort d'une expédition immense. Hauteurs boisées du Djebel Ahmar qu'enveloppe la brume transparente du matin, vous souvient-il encore d'avoir vu passer Charles-Quint et Muley Haçan, André Doria, don Juan d'Autriche, et les escadrons féroces des Janissaires? Oh! les longues et aventureuses courses des corsaires croisant au large sur leurs flibots, enivrés d'audace, abordant et pillant les gros navires, écumant la Méditerranée, et ramenant au port leurs riches prises, vieillards à rançonner, jeunes femmes à revendre, précieuse denrée! et des caisses pleines de choses rares, et quelquefois aussi de gais et spirituels prisonniers, tantôt Cervantes, tantôt Regnard! Oh! les longues et terribles histoires qui faisaient frémir nos aïeux le soir, dans la grande salle du château, au retour du lointain voyageur échappé aux pirates, que la châtelaine émue écoutait, les pieds sur les landiers, assise sous le profond manteau de la cheminée: aventures sinistres, mais pittoresques, qui devaient fournir tous ses sujets à la comédie italienne, péripéties d'Égyptiennes volées, d'enfants ravis sur le rivage, de pères désolés, de reconnaissances imprévues, d'enfants retrouvés, tout le répertoire du théâtre de Molière et de Scarron, des romans de Lesage, — où passe avec des colliers de sequins dans les cheveux la jolie Zerbinette, où don Rafaël s'agenouille sur des carreaux de soie aux pieds de la trop sensible sultane Farruknaz!

LA GOULETTE

Vendredi matin. Vers neuf heures, le paquebot stoppe en rade de La Goulette. La côte est près de nous, riante et dorée sous le beau soleil. Une étroite jetée de grosses pierres amoncelées s'allonge vers nous sur l'eau bleue. Autour des paquebots à l'ancre, la rade est sillonnée par les petits vapeurs du service de la Compagnie, par des barques, des felouques où rament des nègres très laids à bonnet rouge, presque nus malgré leurs haillons rayés. Une chaloupe vient nous prendre à bord. Notre rameur a l'air d'un nègre de Rubens, avec son court jupon de toile, ses jambes nues, ses cheveux rares, mais longs, qui retombent de son crâne dénudé sur ses épaules, sa figure hideusement balafrée par quelque ancien coup de bastonnade. De temps en temps, il découvre pour nous sourire ses dents ébréchées, noires de betel. Il rame vigoureusement, et bientôt nous accostons au quai de débarquement, devant le baraquement de bois qui est la douane, et sur lequel flotte le drapeau français. Pendant qu'on visite nos bagages, un groupe de mendiants, de loqueteux, de portefaix, de femmes cuivrées, de faquins, de fellahs à peine vêtus, nous regardent impassibles et bienveillants, attendant le moment de se disputer nos colis pour les porter au pas de course à la gare du chemin de fer. Si les valises ne craquent pas en deux pendant qu'ils se les arrachent, c'est sans doute qu'Allah, dans sa mansuétude, accorde momentanément une résistance peu commune aux sacs de voyage qui visitent ces rivages.

D'ailleurs l'expérience démontre que quelques coups de canne libéralement assénés sur les crânes bronzés sont le seul mode efficace de conciliation et d'apaisement. Ces doux héros des *Mille et une Nuits* se courbent aujourd'hui sous les triques. Quelle dégradation, grande ombre d'Aladin! Il est triste toujours de voir une race qui s'étiole et s'éteint, que ce soient des baleines, des tapirs ou des Arabes. Tout ce qui finit inquiète l'âme, comme tout ce qui commence. Nous sommes indifférents seulement pour ce qui est.

On franchit, avant d'entrer à La Goulette, un étroit chenal sur un pont tournant trop neuf et trop moderne pour l'effet pittoresque. Mais l'invasion du modernisme n'a pas encore effacé la couleur locale, et il suffit de lever la tête pour être dédommagé. L'épaisse enceinte domine à pic le chenal de sa grosse muraille percée de créneaux. Dans le creux d'une meurtrière, deux Arabes, grimpés là-haut on ne sait par où, enroulés dans une toile grise, accroupis et immobiles, dorment au soleil, pareils à deux hiboux nichés dans l'embrasure d'un portail. Au-dessus d'eux, un de nos soldats monte la garde : on dirait une allégorie composée à dessein, et exposée à l'entrée du pays pour l'édification de l'Europe : la France qui veille sur la Tunisie assoupie.

La Goulette se compose d'une longue rue plantée d'arbres, bordée d'habitations basses, sans étages, sans fenêtres, qui semblent être des remises à voitures, et qui sont des logements d'Arabes. Au milieu, dans un épanouissement de la route, une place est ornée d'une fontaine et d'un kiosque de journaux, devant l'entrée de la Kasba, qui est un porche épais, lourd, s'ouvrant sur une voûte sombre, flanqué de guérites et de canons. Derrière les maisons et les forts, la rade balance sur ses flots scintillants les navires au mouillage ; les vagues viennent doucement mourir sur le sable fin de la plage, entre les cabines blanches. A gauche, c'est la campagne avec ses bouquets de palmiers, ses haies de cactus, ses troupeaux de moutons noirs et de chameaux qui font la sieste. La chaleur est pénétrante, fendille la terre, lézarde les murs. Les indigènes sont couchés à terre, devant leurs maisons ou dans les cours intérieures. On rencontre sur la rue des enfants en caleçon, des Arabes vêtus d'une houppelande en grosse toile grise ornée d'une passementerie de fil blanc, des juives épaisses simplement costumées d'un court pantalon de calicot, d'un caraco vert ou rouge, et d'un petit bonnet pointu tout doré. A travers ce monde exotique se promènent lentement quelques ombrelles claires. Les femmes des fonctionnaires et d'officiers apportent dans ce décor oriental la note parisienne ; elles mêlent aux burnous de l'Islam les étoffes de nos magasins de nouveautés, qui font ici l'effet d'un habit noir dans un bal masqué. Cette promiscuité d'éléments disparates constate, dès l'arrivée, la fusion encore mal combinée de deux civilisations trop distinctes.

Midi. C'est l'heure de la cuisine. Devant les portes, sur le trottoir, des Arabes assis sur leurs talons attisent de petits réchauds en terre avec un écran de paille dont ils éventent les braises allumées, en fredonnant des mélopées monotones comme celles des enfants et des vieillards. De leurs doigts jaunes ils manipulent leurs fricots, des beignets frits dans l'huile ou des poissons qu'ils jettent par morceaux dans la marmite. Si l'on est résolu à ne pas demander l'hospitalité à l'un d'eux, il faut entrer à l'auberge française dont le plan est conçu d'après celui des guinguettes d'Auteuil, à cette réserve près qu'à Auteuil le jardinier de Boileau lui-même eût vainement cherché des pastèques, des dattes en branches et quarante degrés à l'ombre. Une petite gazelle apprivoisée va de table en table quêter des miettes de pain, jolie, frêle, gracieuse avec sa tête fine et ses doux yeux, faite, semble-t-il, pour illustrer l'idéale légende de Geneviève de Brabant. A une table voisine de la nôtre, quatre charmantes et élégantes personnes prennent leur apéritif, et nous ne tardons pas à nous convaincre que nous avons devant nous une société de Batignollaises, choisies avec discernement, en variant les genres de beauté et les âges, de manière à pouvoir, après un court apprentissage, présenter au public une belle Fatma accompagnée de ses deux sœurs et de sa mère.

Émus par ce tableau de famille improvisée nous autorisons les petits cireurs moricauds à donner à nos bottines le lustre et le coup de brosse qu'ils nous proposent avec un entêtement à toute épreuve. Ils sont légion. Nulle part une plus grande facilité n'est donnée à l'élégance d'avoir des bottines bien vernies. Mais nulle part les bottines ne sont plus rares.

Sur la route passent des chameaux muselés d'un panier d'osier, des ânes chargés de poteries. Par les portes, on aperçoit dans les cours de grosses femmes, sans bas ni manches, qui font la lessive. Soudain des cris éclatent. Deux jeunes Goulettoises se disputent sur la rue : une petite mince enroulée dans un vieux châle, et une plantureuse donzelle aux charmes rebondis qui distendent le madapolam de son pantalon. Les disputes des Arabes sont, comme les orages des pays chauds, bruyantes mais courtes. Nos deux commères étaient cramoisies ; leurs petits chapeaux pointus se démenaient comme deux guignols, les babouches de bois trépignaient ; elles étaient au paroxysme de la fureur. Chacune d'elles, dans son envie féroce d'égratigner l'autre, promenait ses ongles sur sa propre figure, en la labourant de petits sillons rouges, et en poussant des hurlements aigus pareils à ceux des femmes de Didon après le départ d'Énée. Elles étaient dans un tel état de rage impuissante que nous pensions que l'une avait volé à l'autre son enfant ou son amant. L'agent de police nous assura qu'elles eussent fait moins de vacarme : l'objet volé était un foulard.

La scène se passait devant un marchand d'huile dont je vois encore la figure plissée et insouciante. L'échoppe, étroite et peu profonde, s'ouvre comme une cave sur la rue, et est remplie d'outres en cuir. D'énormes jarres de terre verte sont alignées le long des murs, hautes comme un homme. A terre sont des terrines, des baquets de bois où une cuiller de buis trempe au milieu des olives noyées dans l'huile. On se croirait dans les caveaux d'Ali-Baba. Le sol est noir, oléagineux ; les murailles, le plafond, l'air même semblent imprégnés d'essences grasses. Des bouquets de piment rouge pendent à des clous. Au milieu, un Arabe est assis, et le patron lui rase la tête, en ayant soin de ménager au sommet du crâne la longue tresse qu'entoure la tonsure. Cet huilier est un barbier. Nos barbiers étaient autrefois chirurgiens. Il semble que la profession qui consiste à raser son prochain ne se suffit pas à elle-même, puisqu'on lui en adjoint toujours une autre.

Nous nous rendons à la gare où nous prendrons le train pour Tunis. En route nous avons occasion de constater que la fable et l'histoire se touchent de bien près, et peuvent au besoin se remplacer, puisqu'elles ont même force et même vertu. Certains héros imaginaires ont laissé des souvenirs d'eux-mêmes plus vivaces et plus réels que des personnages de l'histoire. Dites donc lesquels sont les plus vrais, et si l'imagination des poètes n'a pas été véritablement créatrice ? Dans le passé, le nom obscur d'un homme mort appartient plus au néant que le souvenir d'une fiction poétique. Les paysans de la Provence vous conduisent au mas de Mireio, et ceux du Forez vous font voir le tombeau de Céladon. A la Goulette, le bureau de poste est rue Enée ; la Caisse d'Épargne est rue Didon. Didon ! Enée ! touchant roman d'amour qu'a si tendrement raconté Virgile, et qui faisait pleurer saint Augustin ! En vérité, quel dénouement plat et vulgaire ! Ce sol que nous foulons est peut-être encore imprégné des cendres dispersées au vent autour du bûcher où mourut la plus adorable amoureuse de l'antiquité ; peut-être, la nuit, au-dessus des palmiers et des cases arabes, l'ombre inconsolable de la grande reine quitte-t-elle Sichée pour venir planer sur ces bords et chercher à l'horizon la voile du vaisseau perfide sur lequel fuit son ingrat amant. Alors, entre les transatlantiques à vapeur qui mouillent au large et la gare du chemin de fer, elle voit tout ce qui reste d'elle sur cette terre où elle a fondé son puissant empire : l'hommage d'un petit Conseil municipal qui, de son nom, a baptisé une rue !

TUNIS

Entre Tunis et la mer s'étale une échancrure du sol, un lac d'eau saumâtre qu'encombrent les herbes et la vase. Quand j'y étais, on travaillait au chenal qui reliera directement la ville au port[1]. Alors la Goulette n'aura plus de raisons d'exister, et elle en aura mille d'être ruinée. Peut-être, en aménageant plus confortablement le casino et la plage, en fera-t-on une station de bains de mer. En attendant, il faut pour gagner Tunis prendre le train dans une jolie petite gare toute plaquée de carreaux en faïence

1. Il a été inauguré en mai 1893.

bleue. On monte dans de lourds wagons roux, à passerelles. Le trajet dure environ une heure à travers une lande aride qui longe le lac ; des chèvres noires et des troupeaux de chameaux dégingandés cherchent à brouter autour des villas de plaisance plantées de palmiers.

En arrivant à Tunis, montez sur la terrasse du Dar-el-Bey : le ciel est bleu ; la ville, blanche ; la campagne, couleur d'ocre. L'atmosphère chaude semble envelopper les choses d'une buée bleuâtre pleine de vibrations. Là-bas, c'est le grand lac de Tunis, où s'étalent de larges plaques d'herbages aquatiques. Dans l'eau épaisse circulent lentement des barques à voiles, des felouques où rament des noirs, des mahonnes chargées. Plus loin la Goulette avance vers la pleine mer son môle fait de gros quartiers de pierres. Au large, dans la rade, les forts navires mouillent à l'ancre. A droite et à gauche, de hautes montagnes font, de leurs sommets dénudés, des déchirures vives sur le ciel. Çà et là on voit des masses blanches, rayées de longs palmiers. Ce sont des villages, la Marsa, Byrsa, Kamart, Sidi Bou Saïd, Carthage et sa cathédrale byzantine, qui a une montagne pour piédestal.

Plus près, c'est Tunis avec ses ruelles étroites, ses habitations serrées les unes contre les autres, comme des cubes de pierre blanche sur le chantier d'une carrière. Tout d'abord l'œil ne distingue rien dans cet amas confus et aveuglant de murailles et de toits plats. Puis, peu à peu, il s'habitue à cette « symphonie en blanc »; il en remarque et il en distingue les détails, que les ombres portées font ressortir; il aperçoit et reconnaît les minarets, les tours carrées, les coupoles nues des mosquées, les terrasses, les koubbas, les larges toitures plates et plâtrées qui s'étalent comme des terrains vagues et crayeux, chauffées par le soleil et crevées par de petites lucarnes, qui s'ouvrent de biais dans le sens du sirocco. La nuit, les chiens de garde errent sur ces plateaux de chaux, et veillent à la sécurité de leurs maîtres, qui dorment sous leurs pattes. Le soir, les familles montent près d'eux, pour humer l'air frais du crépuscule et voisiner d'une terrasse à l'autre près du linge qui sèche. La vie à Tunis a deux étages, le sol et les toits.

Sur les murs, les fenêtres, qui sont à peine des soupiraux, font par places des trous noirs, que protège un grillage ou un moucharabi. Le reste se perd pour le regard dans un fouillis de gouttières dentelées, de colonnettes, de rares toitures en tuiles rouges, au-dessus desquelles on s'étonne de n'apercevoir pas l'ombre d'une cheminée; ce sont des dômes, des sémaphores, des feuillages verts, des murailles effritées que domine l'imposante masse de la Kasba, où sonne le clairon de notre infanterie, sur laquelle flotte notre drapeau. Plus loin, la campagne poudreuse s'étend en nappe jaune jusqu'aux constructions blanches qui ferment l'horizon: le triste Bardo et le séjour enchanteur de Kassar Saïd, perdu comme un nid dans un bois d'orangers dorés.

Tunis, comme toutes les villes du littoral, a deux quartiers bien distincts, le quartier européen et le quartier arabe. Le premier offre un intérêt trop médiocre pour nous y arrêter. La superbe promenade de la Marine, large avenue plantée d'arbres et bordée de hautes maisons à balcons, est moins belle que l'avenue des Ternes ou le boulevard Richard-Lenoir. Les trottoirs encombrés par les tables des cafés, les fiacres qui stationnent, les bureaux de tabac, les coiffeurs, le théâtre, l'hôtel des postes, les magasins éclairés à la lumière électrique, les kiosques des tramways, les réverbères, les squares et autres ornements font, à n'en pas douter, l'admiration des Kabyles; mais on trouve mieux à Marseille, et il y a mieux à voir à Tunis. Français, Italiens, Maltais, Arabes, circulent dans une promiscuité gênante, où les Arabes ont l'air dépaysé et exotique. Fuyons ces quartiers collés le long et autour de l'enceinte. Ils reproduisent avec une désolante exactitude, en face de la mer et du désert, nos tristes villes de province.

L'avenue de la Marine se termine vers Tunis par une imposante porte qui s'ouvrait sur la campagne avant l'annexion des quartiers étrangers. C'est Bab el Bahor, ou Porte de la Mer, lourde construction échancrée par une ouverture en cintre étranglé. Une inscription arabe décore le fronton, et la plateforme est crénelée. On traverse quelques rues étroites bordées de sombres boutiques, ou enserrées entre des murailles nues. Les habitations communiquent discrètement avec le dehors par une porte basse fermée d'un lourd cadenas carré à double barre de fer, et par une petite fenêtre que bouche un moucharabi bombé comme une demi-poire : dans la panse, dort ou rêve un enfant ou une femme voilée, suspendue au-dessus du vide.

Au bout, ce sont les Souks.

Si la ville n'avait pas les Souks, on l'aurait assez vue au bout d'une demi-journée. Mais ils vous y retiennent ; le temps y passe très vite et l'argent aussi. *Time is money.* Ces bazars tentateurs font chèrement payer au touriste l'hospitalité qu'il y reçoit. C'est une foire permanente, variée et pittoresque. Le marché est couvert par des constructions basses et lourdes. Les allées sont étroites, voûtées, mal pavées, bordées à droite et à gauche par des niches peu profondes, où sont entassés, au-dessus d'un entablement de briques, des marchandises et des Arabes accroupis. De distance en distance, une lanterne pend de la voute par une corde à poulie. Le ruisseau occupe le milieu de la chaussée. Dans chaque magasin, le patron de la case est assis sur son plancher, qui est élevé d'environ un mètre au-dessus du niveau de la rue. On n'entre pas de plain-pied dans la boutique : on s'assied sur le seuil. Le marchand domine toujours son client. Dans les marchés que conclut le boutiquier, sa position élevée semble être le symbole de sa supériorité, qui est celle du trompeur sur sa dupe.

Vu des terrasses voisines, le marché apparaît comme un terrain crayeux, ou une promenade aride, ou un séchoir pour les burnous et les olives. En dessous grouille et crie toute une population de vendeurs, de clients, d'étrangers pilotés par un interprète, d'artisans modestes, d'Européens curieux, de guides fripons, dans un décor merveilleux de tentures orientales, de cuivres travaillés, de babouches en cuir jaune et vert, de dattes en grappes et de goules en terre blanche. La disposition des boutiques reproduit celle de nos anciennes grandes foires parisiennes, la foire Saint-Germain ou la foire Saint-Laurent, où chaque industrie avait son carré, son allée, ses bâtiments séparés ; ici, les ciergiers, là, les vanneliers, puis, les marchands d'affiquets, les marchands ferratiers, fustainiers, horlogiers, toiliers, parcheminiers, coffretiers, fourbisseurs, lanterniers, oyseliers ou blanqueurs. Le commerce et l'industrie sont encore, en Tunisie, comme dans la vieille France, organisés et groupés en corporations distinctes, que préside un chef, l'Amine.

Dès votre entrée dans le grand bazar, vous êtes happé par un guide trop obligeant ; il vous représente la nécessité de son ministère dans ce milieu de marchands qui ne parlent pas les langues européennes, et l'avantage que vous trouverez à utiliser ses services intègres. Sans doute, l'honnêteté de ces truchements s'accommode aisément avec la commission que leur donnent les vendeurs après le marché qu'ils ont aidé à conclure ; il est vrai encore que l'appât de cette commission les incite à faire payer aux étrangers dix fois la valeur des objets, pour amplifier leur propre dividende : à cette réserve près, ils sont la probité même.

Tournez de ce côté vers les bazars de curiosités artistiques. C'est un enchantement. Dans les niches, dans les échoppes, sur les rayons, le long des piliers, le long des murailles sont empilées, étalées, accrochées, entassées toutes les richesses de l'Orient : ici, les tapis rayés dont les bandes multicolores figurent, dans un dessin rudimentaire

et géométrique, des chameaux se suivant en
file arabe; puis des portières de mosquée où
les signes brodés en or fin font courir des
versets du Coran sur le satin bleu topaze du
fond; des étoffes de soie finement brodée
qui recouvriront des coussins dans les harems, ou des pianos dans nos salons; des
carrés de satin délicieusement peints à l'aiguille et fort convenables pour faire des
empeignes de babouches ou des dessous de
lampes. Dans un fouillis plus artistique que
l'agencement savant de nos belles vitrines,
voici, pêle-mêle, de grands plateaux ronds
de cuivre gravé, des aiguières martelées,
des encriers munis de leur tube à roseaux:
ils rappellent, par leur forme, les écritoires
de ceinture que portaient les élèves de la
Basoche. Puis ce sont encore des pistolets à
la crosse incrustée de nacre, des cimeterres,
des poignards de toutes formes, recourbés,
damasquinés, dans un fourreau garni de
velours écarlate; des fusils à pierre au long
canon maintenu dans de larges anneaux de
cuivre; des œufs d'autruche enfermés dans

un réseau de soie verte; des pipes à kif dont le tuyau est entouré de perles; des étuis de maroquin rouge rayé de fils d'argent; des miroirs à main dont le cadre de velours bleu est enrichi de paillettes en clinquant et de petites houppes jaunes; puis des sacoches de sûreté, protégées par une gaine de cuir, des chevalets incrustés de rondelles en nacre, de petites tables rondes, basses, échancrées, pour poser les tasses de café, enfin, tout le bric-à-brac criard et pittoresque des bazars orientaux qui arrêtent les passants dans le quartier de l'Opéra. Au pays de leur origine, le décor et le milieu offrent un intérêt bien supérieur à celui qui sort des objets eux-mêmes. Le piquant est de parcourir ce marché bizarre où le commerçant, accroupi sur son banc de pierre, vous appelle pour vous offrir le café de l'amitié dans de ravissantes petites tasses dorées qu'il vous vendra, si elles vous font envie; et n'allez pas décliner cette invitation imprévue, car refuser le café de l'Arabe est la pire insulte. Ne pas entrer, serait répondre à une offre aimable par une gifle. On retrouve aux Souks les vestiges de l'hospitalité légendaire de l'Arabe pour le chamelier du désert qui passe devant la tente de son gourbi. Le marchand des villes entretient cette tradition, persuadé qu'un client ne partira pas sans acheter les bibelots de l'hôte momentané dont il a dégusté le kawa.

Ces hommes superbes, au teint bronzé, au regard rêveur, aux traits réguliers qu'encadre une courte barbe, noire comme le trône d'Eblis, semblent déplacés derrière l'étalage de leur échoppe. On se les figure plutôt assis dans les splendides jardins de quelque Alcazar doré, au pied d'un grand baobab, fumant le narghileh, en suivant d'un œil distrait les évolutions des bayadères vêtues de gaze rose.

Mais non, ce ne sont pas des sultans, ce sont des boutiquiers, de petits boutiquiers âpres et modestes. Les objets qu'ils vendent gardent toujours le caractère du bibelot à bon marché. Il n'y a rien là, dans les

meubles, dans les urnes, même dans les
étoffes, surtout dans les poteries, qu'on
puisse se représenter fabriqué avec plus de
soin et de luxe, plus digne d'une collection
vraiment artistique. Rien n'y semble fini
jusque dans les détails, poli, limé, porté à
ce degré d'achèvement, qui est une condition de l'art. Tous ces articles constatent et
révèlent une facture rapide qui les fait ressembler à des produits de manufacture. Tout
cela est curieux par son caractère exotique,
par des formes imprévues ou rares, par des
teintes éclatantes et chaudes : mais ces magasins restent des bazars. Les fourreaux des
armes sont gauchement plaqués de minces
gaines en cuivre, en argent ou en velours,
qui semblent prêtes à se décoller ; les incrustations de nacre sont maladroites, mal enca-
drées par le filet d'argent qui les dessine à
peu près. Les belles choses n'y sont ni du
pays, ni de l'époque. Ce sont des plateaux
ou des aiguières de Perse, des cimeterres
d'Espagne ou d'Asie Mineure, des bronzes
de l'Inde. L'art arabe moderne est décadent

et pauvre; il ne produit plus que du clinquant et du camelot.

La poterie est populaire, mais curieuse. Celle de Nebeul, quoique grossière et sans valeur, ne manque pas d'originalité, de variété, parfois d'élégance dans les formes. La décoration en est lourde, criarde, de mauvais goût. C'est le plus souvent des ornements en noir, des fleurs en couleur verte et rouge, des taches dorées rapidement plaquées sur un fond d'émail teinté d'ocre. L'effet est plus heureux quand la poterie est en terre blanche tout unie. Ici, comme souvent, la simplicité est la plus belle élégance. La poterie de Nebeul porte mal les affiquets; sa nudité lui sied mieux.

Les potiers de la Tunisie ont su pétrir et modeler la terre en mille façons et souvent avec beaucoup de bonheur. Arrêtons-nous devant un souk de goules; nous sommes surpris par la grande diversité des formes. Au-devant de l'étroite échoppe, à terre, sont inclinées contre la muraille, de grosses cruches à deux anses, des cruches à eau, à la panse épaisse, à base tantôt plate, pour être posée sur le sol, tantôt pointue pour être fichée dans le sable. Pêle-mêle dans ce désordre, voici des cruches plus petites, des réchauds en forme triangulaire, percés de trous ; puis, tout autour de la baie qui s'ouvre sur la misérable boutique, des grappes de pots et de vases de tous calibres sont attachées aux murs, pendent du plafond, garnissent les parois. On dirait qu'une nuée de poterie a crevé là ; elles sont restées accrochées à tous les angles, à tous les coins ; ici, des amphores longues et étroites, à la panse à peine renflée, au col dégagé, aux anses collées au corps, sveltes, élégantes, pimpantes ; là, au contraire, des pots ventrus comme de gros pères, le col dans les épaules, les bras courts et arqués, posant lourdement sur leur large base ; voici l'essaim des buires légères, semblables à des demoiselles du siècle dernier dont le corsage fluet surmontait les rotondités exagérées des paniers ; le col s'allonge au-dessus de la taille cambrée, puis s'évase à son extrémité, tandis que les anses s'écartent de chaque côté en courbures gracieuses, comme les deux bras un peu maigres d'une jeune fille qui apprend le menuet. A côté s'étalent, sur un pied évasé, les larges plateaux de terre où l'on sert le couscouss, horrible mélange de maïs, de semoule et de raisiné, auquel les riches ajoutent des morceaux de viande. C'est le plat national. Les morts n'en veulent pas d'autre, et voici les plateaux spéciaux, en émail vert, sur lesquels on le leur porte. Car l'ancienne coutume s'est ici conservée, de porter leur repas aux morts. Les nécropoles sont les restaurants des trépassés. Les mendiants se chargent de venir la nuit vider les plats, et entretiennent ainsi au sein des familles la sainte illusion que leurs dépenses ne sont pas superflues.

Puis, voici les terrines en terre brune, les pots trapus, les assiettes épaisses ornées de ronds concentriques en plusieurs tons, les gobelets de terre blanche et rose, qui sont les verres à boire. On aperçoit encore des objets plus étranges, produits malheureux d'imaginations dévergondées. La fantaisie de l'artiste s'est donné carrière, et mal lui en a pris. Des pots imitent la forme de bêtes ou de fleurs; des alcarazas rappellent vaguement un poulet qui serait empâté, ou un chameau qui aurait des piliers pour jambes. Ce sont là des aberrations qui trouvent leur excuse dans la faveur dont le goût du peuple les encourage. D'autres sont une couronne creuse posant sur un pied, surmontée d'un goulot et surchargée de dorures, de fleurettes, d'ornements disgracieux qui la feraient prendre pour une pièce montée de pâtisserie, mais qui constatent leur succès par leur excès. Ce modèle reproduit celui qu'on trouve si souvent sur les étagères hollandaises ou sur les bahuts allemands, ces vases annulaires, qui portent des ornements en bleu foncé sur un fond gris perle.

1. J'ai visité depuis, chez le philosophe Strada, une collection dont l'idée a été conçue dans ce sens. Les meubles, les vases, les bibelots ont les provenances les plus diverses, Hollande, Mexique, Italie, Chine, et tous ont l'air de se ressembler. Strada en déduit une théorie d'esthétique fort élevée.

La décoration est tout autre sans doute, terne et grise ici, éclatante là-bas ; mais il est curieux que des potiers de races différentes et éloignées se soient rencontrés dans l'invention de cette forme bizarre. Certaines carafes de table, en terre jaune, sont jolies. Le corps s'allonge en un col assez large soutenu par une anse, et s'ouvre sur le côté par un goulot court, terminé en bourrelet. Des hachures vertes décorent le haut du col et le dessus de la panse, comme feraient, j'en demande pardon aux dames, une collerette et une ceinture de tulle plissé sur une jupe beige.

Mais il est temps, peut-être, de mettre fin à trop de comparaisons irrévérencieuses, que j'espère me faire pardonner de mes lectrices en les promenant à travers d'autres magasins dont les rayons auront pour elles plus d'attraits, que ce soient les rayons du diamant qui scintille, les rayons du miel qui embaume l'air ou, simplement, les rayons de la parfumerie.

Les juifs dominent aux souks des diamants
Là, il n'y a pas d'étalages. La défiance règne
en maîtresse. Les vieux Arabes à barbiche
pointue circulent dans la foule en offrant au
bout de leur poing fermé quelques riches
bracelets, quelques bagues, quelques bijoux
qu'ils tiennent solidement enfilés dans leurs
doigts crochus, pour éviter toute surprise.

Des effluves suaves nous annoncent que
les souks de la parfumerie ne sont pas loin.
Quelle déception dès qu'on y arrive! Les
plus poétiques parfums de l'Arabie, l'encens et la myrrhe, le benjoin, l'ambre, le
kif qui enivre et donne des rêves d'or,
sont jetés pêle-mêle sur les planchettes usées
auprès d'une balance grossière et des cornets
de gros papier gris; le client enveloppe,
pour les emporter, ces subtiles senteurs,
qu'on rêverait d'emprisonner dans de longues et fines buires de cristal émaillé ou
d'argent ciselé, ces odorantes vapeurs faites
pour les brûle-parfums et les cassolettes de
bronze qui fument dans le décor luxueux
des harems plaqués de marbre blanc et

carrelés de porcelaine ; ces poudres précieuses qui parfument l'eau des bassins et des gerbes dans les cours des palais bossués d'or. Ici, tout cela est entassé dans de vulgaires terrines, dans des caisses indignes. Ces gens ignorent totalement l'art, — qu'ils apprendraient devant nos vitrines parisiennes, — de mettre un grain de poésie dans le commerce.

Ce n'est pas non plus dans la pâtisserie qu'ils en mettent. Nous voici dans la rue des gâteaux. Des Arabes huileux et en sueur, juchés très haut derrière leur réchaud que supporte une maçonnerie de briques, pétrissent dans des cuvettes de bois des pâtes liquides qu'ils versent par cuillerées dans l'huile ou l'eau bouillantes. Pour continuer la visite dans les souks aux denrées, il faut surmonter l'odeur âcre et écœurante qui emplit l'allée voûtée. Aux murs pendent en grappes ou en bottes des piments, des dattes, des figues de Barbarie, des bananes, des palmes jaunies. De larges corbeilles d'osier sont remplies de henné en feuilles, de gingembre en poudre, de raisins secs, de fruits racornis. Des olives et des conserves nagent dans des terrines pleines d'huile où plonge une cuiller de bois. Un vieil Arabe est l'épicier, grand, sec, à barbe grise, avec un gilet bleu usé, un turban graisseux, un large pantalon zébré de taches filantes. Il vend à un client aussi malpropre que lui un peu d'huile de palme. Il l'a versée à même sur le plateau en cuivre de la balance, qu'il râcle ensuite avec ses doigts pour verser dans l'écuelle de l'acheteur la bonne mesure à laquelle il a droit. Cette figure ridée et brunie est étrangement encadrée par l'étalage de la boutique. La devanture étroite est faite de planches barbouillées de couleur verte, sur lesquelles sont grossièrement peints des oiseaux, des bouquets rouges, des guirlandes de folioles pareilles, en naïveté, aux végétations qui ornent les marges des manuscrits très vieux. Tout autour, dans un agencement savant, les marchandises les plus variées lui font une auréole symbolique :

des balais, des cordages, des cuillers en bois, des écrans de paille pour souffler le feu, des babouches à la semelle de bois, des bottes d'ail et des festons de tamis tout neufs. Au plafond pendent des pains de sucre, des biscuits secs en forme de bagues. Dans le fond, une quantité de petits tiroirs bariolés servent à enserrer les denrées plus précieuses, l'anis, la cannelle, la farine de maïs. Au-dessus de la porte, une petite lucarne grillée éclaire la soupente où cet honnête commerçant grimpe se reposer le soir pour compter ses caroubes et prier Allah, avant de s'endormir du sommeil de l'épicier intègre.

Non loin des boutiques où l'Arabe trouve de quoi se nourrir, s'ouvrent celles où il achète de quoi se vêtir. Les tisserands sont accroupis derrière de grands métiers incommodes, grossièrement établis, aux formes bizarres et antiques. Ainsi devaient tisser les femmes de Didon dans le palais de Carthage. Leurs étoffes constatent l'insuffisance des procédés de fabrication, au dire des dames, au pouvoir de qui, en l'espèce, est le droit de parole. « L'art du tisserand tunisien, écrit madame Pauline Savari, est limité par les moyens d'exécution d'un métier primitif plus grossier encore que celui de nos anciens tisserands. C'est le métier légué par les Phéniciens. Cet art ne dépasse pas la rayure et quelques dessins provenant de la ligne droite. Il ne faut lui demander ni des fleurs, ni des figures. Mais les étoffes rayées, chinées, mêlées d'or et d'argent sont faites par eux à merveille. Ils ont un étonnant sentiment de la couleur, une harmonie à eux, des gammes audacieuses. » Installés derrière le métier que zèbre la rayure des fils de la trame, ils semblent poser pour la décoration d'un vase antique.

Tout près de là, les tailleurs reçoivent les pièces d'étoffe, les coupent, les drapent, et en fabriquent toutes les pièces du costume arabe : le large pantalon de cotonnade rose ou bleue, dit *seroual;* le gilet de couleur, sans manches, qui se boutonne par derrière ; le veston étriqué dont les manches trop courtes sont garnies de grelots d'argent, le burnous, la ceinture de soie rayée, l'haïk, grande écharpe de soie blanche, le fez rouge à gland bleu, les foutas de coton qui sont les jupons de travail, les takritas, beaux foulards de soie lamée d'or qui retiennent la chevelure des femmes.

Tout en traversant ces rues achalandées, j'admire et j'envie l'impassibilité de ces gens. On n'a jamais porté plus loin la pratique du *nil admirari*. Ils ont une indifférence superbe, un mépris majestueux des accidents humains. C'est à peine s'ils vivent avec nous, détachés qu'ils sont des surprises et des événements de la vie. Ils nous sont fort supérieurs. L'indifférence est invulnérable.

Notre guide, Mohammed, était occupé à nous expliquer en pleine rue, avec de grands gestes, de quelles pièces se compose le costume des indigènes quand, de l'air le plus simple et le plus naturel, il arrête par le collet un brave homme d'Arabe qui passait. Bien qu'il ne le connût point, il lui dit, dans sa langue, de rester quelques instants sans bouger pour faire plaisir aux Européens, et, avec un sans gêne comique, il se mit en devoir de nous expliquer, d'après nature, les diverses parties de son habillement. Ce fut un véritable cours; on eût dit M. Heuzey expliquant devant un modèle à l'École des beaux-arts, les draperies de la toge ou du peplum. Quant à l'Arabe, ainsi interrompu dans sa course et dans ses affaires, il n'avait l'air ni étonné ni ennuyé. C'était un beau garçon à la figure ronde, à la barbe noire, aux yeux clairs, dont le riche costume dénotait une certaine aisance. A peine nous regardait-il, dans son impassibilité indifférente et froide. Imaginez-vous, cependant, un guide d'un grand hôtel de Paris, flanqué d'un Japonais récemment débarqué, et arrêtant sur les boulevards quelque élégant flâneur, en lui demandant la permission de faire sur lui, pour le noble étranger, l'explication du smoking ou le maniement des bretelles!

Quand le Tunisien est nourri, vêtu, il va se meubler aux souks des ébénistes. Ceux-ci travaillent à découper dans le bois tendre ces tables originales dont les pieds forment des arcades trilobées; ils taillent, ils tournent, ils clouent des étagères, des encoignures dont les bordures sont des dentelures rondes; des coffrets, des vases, des meubles, toujours dans le même ton criard. Ils superposent au fond vert uniforme des teintes blanches ou des plaques d'or et de vermillon, figurant d'invraisemblables léopards, des oiseaux fantastiques, des marguerites sanguinolentes. Ils ne mettent aucun goût, aucune mesure, aucune harmonie, dans cet amalgame de tons trop éclatants. C'est la peinture qui convient à cette race assoupie, à ces épais dormeurs dont la cervelle est recuite dans le soleil et dans les fumées de la décadence. Ces notes stridentes peuvent seules solliciter encore leurs yeux qui clignotent et sommeillent.

On dirait qu'ils ne se réveillent que pour monter à cheval et fendre l'air au galop de leurs petits chevaux. Aussi que de merveilles chez les selliers ! C'est une jouissance artistique de s'arrêter devant leurs boutiques, de regarder les selles à dossier que recouvre une housse de maroquin rouge, les étriers découpés à jour, les courroies de cuir teint, les cordons de soie verte et de fils d'argent, d'où pendent de gros glands assortis, les mors damasquinés, les têtières, les larges muserolles toutes brodées d'or et de paillettes sur fond rouge, les panurges à cocardes et à glands dorés, le tout dans un ruissellement de teintes chaudes et de reflets métalliques. Ce luxe constate la passion de l'Arabe pour son cheval ; il le pare comme une femme, il a pour lui mille coquetteries ; et devant l'étalage miroitant du sellier arabe, j'entends chanter dans ma mémoire les vers de Lamartine :

> Et toi, mon fier Sultan, à la crinière noire,
> Coursier né des amours de la Foudre et du Vent,
> Dont quelques poils de jais tigraient la blanche moire,
> Dont le sabot mordait sur le sable mouvant,
> Que fais-tu maintenant, cher berceur de mes rêves ?
> Mon oreille aimait tant ton pas mélodieux,
> Quand la bruyante mer dont nous suivions les grèves
> Nous jetait sa fraîcheur et son écume aux yeux !

S'ils ont encore des cavaliers, ils n'ont

plus de poètes, hélas ! Les lettres orientales en Tunisie sont dans un triste état. Regardez : un Arabe à barbe grise et à grandes lunettes est accroupi à l'entrée d'une étroite boutique, devant une petite planche posant sur deux pieds très bas et supportant un pot plein d'encre, quelques roseaux, quelques papiers. C'est un libraire. Sur les rayons s'alignent les livres qui constituent le fonds modeste du magasin : des contes arabes, quelques anciennes poésies, des livres de classes, des almanachs et des méthodes franco-arabes.

L'état misérable de cette échoppe marque la décadence profonde du goût littéraire ou scientifique. Aucune œuvre nouvelle ne vient plus garnir ces planches tristement vides. C'en est fait de cette littérature qui brilla jadis d'un si vif éclat. Ils ne lisent plus, ils n'écrivent plus, ils ne connaissent même plus de nom les délicieuses fantaisies d'Elmocadessi sur les oiseaux et les fleurs, les séances d'Hariri, les poésies de Tarafa, les romans d'Hamadrani, les immortels travaux d'Avicenne, d'Averroès ou d Albucasis en médecine, d'Aboul Wefa et d'Aboul Hassan, en astronomie, d'Ibhn Khaldoun ou de Makrisi, en histoire, ou les belles pensées de Zamakschari. Tout ce passé si glorieux est venu échouer dans les misérables boutiques où de vieux Tunisiens déchiffrent leur journal. Ils ont renoncé à ces hautes études qui firent autrefois des Arabes les princes de la science, à ces belles et grandes traditions auxquelles Condorcet, dans son *Tableau des progrès de l'esprit humain*, se plaisait à rendre cet éloquent hommage : « Les mœurs des Arabes avaient de l'élévation et de la douceur ; ils aimaient et cultivaient la poésie ; le goût des lettres et des sciences vint se mêler à leur zèle pour la propagation de la foi et tempérer leur ardeur pour les conquêtes. Ils étudièrent Aristote dont ils traduisirent les ouvrages. Ils cultivèrent l'astronomie, l'optique, toutes les parties de la médecine, et enrichirent ces sciences de quelques vérités nouvelles. On leur doit d'avoir généralisé l'usage de l'algèbre, borné chez les Grecs à une seule classe de questions. Si la recherche chimérique d'un secret de transformer les métaux et d'un breuvage d'immortalité souilla leurs travaux chimiques, ils furent les restaurateurs, ou plutôt les inventeurs de cette science, jusqu'alors confondue avec la pharmacie ou l'étude des procédés des arts. C'est chez eux qu'elle paraît pour la première fois comme analyse des corps, dont elle fait connaître les éléments, comme théorie de leurs combinaisons et des lois auxquelles ces combinaisons sont assujetties. Les sciences y étaient libres et ils durent à cette liberté d'avoir pu ressusciter quelques étincelles du génie des Grecs; mais ils étaient soumis à un despotisme consacré par la religion. Aussi cette lumière ne brilla-t-elle quelques moments que pour faire place aux plus épaisses ténèbres. »

Quand le soleil se couche, les Souks se ferment. Il faut alors errer par la ville, ou rentrer. Un soir, un jeune Sicilien, à la figure brune et impudente, qui nous servait

de guide par occasion, nous introduisit dans
une habitation juive pour la visiter. Une
grande jeune fille, jolie, drapée d'étoffes
rayées, de larges anneaux pendant à ses
oreilles, nous barre le passage d'un air cour-
roucé. « Que voulez-vous ? » nous demande-
t-elle brièvement en français. Les enfants et
les jeunes gens parlent à présent notre langue,
depuis l'installation de nos écoles. Le Sicilien
lui explique en arabe que nous sommes
d'inoffensifs et curieux Européens ; et l'explication fut suffisante, car les visages in-
quiets devinrent souriants. Ils nous avaient
d'abord pris sans doute pour des gens de
police. Ils nous firent les honneurs de leur
cour intérieure, où vit toute la smala, où
brûle le réchaud pour la cuisine, où se font
la lessive, les repas. Ils mènent là une existence patriarcale, les parents dans la chambre
du fond, les enfants mariés dans les ailes
latérales. Dans la chambrette de l'entrée se
tient l'aïeule, une vieille toute ridée, toute
courbée. Elle se traîna vers nous quand elle
sut que des étrangers étaient là. Elle nous dit

mille civilités par l'interprète, et nous demanda si nous connaissions son fils. — « Où est-il? » — Elle nous fit expliquer qu'il est ouvrier à Londres depuis douze ans. La pauvre vieille se figurait l'Europe comme un village un peu plus éloigné que la Marsa, où tout le monde devait se connaître. Ses petites-filles se mirent à rire de leurs dents blanches, et pourtant ce n'était pas comique, loin de là, cette ignorante sollicitude sans cesse déçue à chaque passage d'étrangers. L'aïeule sourit tristement devant la gaieté bruyante de la jeunesse, et retourna lentement, le corps plié sur son bâton, s'accroupit sur sa natte où, de ses yeux rougis et éteints, elle semblait poursuivre son rêve qui l'emporte là-bas, bien loin, dans un pays aux contours indécis et brumeux où seule apparaît, lumineuse et claire, la figure chère de son fils.

Pour l'emploi des soirées, il y a le Théâtre-Français, dont le nom est peut-être un peu pompeux pour ce café-concert auprès duquel nos concerts suburbains sont des établissements de conséquence. Mieux vaut encore le café dansant, en faveur de son exotisme, sinon de sa distinction. Encore sommes-nous familiarisés à Paris même, depuis la dernière Exposition, avec ces exhibitions chorégraphiques où les pieds ne sont pas la partie du corps qui se trémousse le plus. Là-bas, du moins, le théâtre et le public offrent aux voyageurs un spectacle nouveau. On pénètre dans une salle étroite et longue au bout de laquelle s'élève l'estrade des danseuses. Une tribune comparable au jubé de nos églises s'avance au-dessus de la porte d'entrée. Des lanternes pendent du plafond à côté de boules en verre argenté. Les Arabes s'entassent sur les banquettes, une fleur à l'oreille. Les femmes garnissent le jubé. Ces gens ont une manière spéciale de se tasser, de se ramasser, de conserver longtemps la même position, de subir sans murmure les lois les plus pressantes du refoulement. Comment nous avons fendu cette foule pour venir occuper les places d'honneur que la direction nous avait réservées sur l'estrade, c'est là un phénomène d'élasticité dont il n'est pas aisé de se rendre compte. Nous eûmes lieu d'être satisfaits d'avoir accompli cette traversée, puisque nous avions toute la salle devant nous. Les hommes et les femmes ne sont pas mélangés. Les Arabes sont en bas, presque tous jeunes; ils sont sans doute les habitués, les piliers de l'établissement. Il n'est pas aisé à un étranger de deviner à quelle classe sociale ils appartiennent, s'ils sont savetiers ou étudiants, négociants ou rentiers. A première vue, le costume indigène donne à tous un air uniforme, et le plus modeste burnous semble ennoblir celui qui le porte. Ils ressemblent tous à Abd-el-Kader, ou plutôt à l'idée que nous avons de lui. Il nous semble que nous avons devant nous un parterre de cheiks, de cadis, de califes; mais il y a bien de la vraisemblance que nous nous trompons. Ici les castes se distinguent par la nature des étoffes et par des considérations de tissage, de mélanges de soie ou de laine, de broderies, auxquelles les femmes sont seules expertes : elles reconnaissent plus vite que nous le riche arabe. Les hommes n'ont pas cette divination qui leur serait d'ailleurs, à eux, tout à fait superflue. La nature n'a pas créé d'instincts inutiles.

Là-haut, dans la tribune du public, rit et jacasse un essaim de jolies juives au petit bonnet pointu et doré, la poitrine et les bras nus, comme dans les opéras. Tous ces yeux noirs étincellent dans la pénombre. Les éclats de rire frais et sonores découvrent de belles dents blanches. Nos jaquettes et nos chapeaux semblent amuser prodigieusement ce groupe railleur. Dans ce milieu oriental, c'est nous qui avons l'air exotique et qui donnons le spectacle. Au-dessus des têtes voltigent de petites fumées bleuâtres qui s'envolent des minuscules tasses de café. A côté de nous, sur la scène, les danseuses attendent, accroupies sur des coussins, en frappant des tambourins et en chantant, que leur tour vienne de se lever et de se déhancher en faisant flotter leurs petits foulards. Elles sont maquillées, et l'on trouve coquet, là-bas, apparemment, qu'elles se dessinent en noir de grosses virgules sur le front et sur le menton. Leur costume, qui se compose d'une petite veste rouge et or et d'un pantalon bouffant, rappelle un peu l'uniforme des turcos. Elles ont des bas rouges, de gros anneaux aux chevilles; l'une d'elles a trouvé plus moderne et plus élégant de remplacer la petite pantoufle brodée par une paire de bottines à boutons qu'elle retire par économie quand elle ne danse pas. Dans le coin, deux gros paquets sont deux Arabes qui jouent de la flûte et de la guzla. Au centre, une épaisse et souriante matrone les accompagne sur l'harmonium. Elle nous réserve pour la fin la surprise de quitter sa musique et de venir elle aussi exécuter la danse du ventre. Nos chaises tremblèrent sur les planches de la scène. Le succès qu'elle obtint fut du délire. On voyait bien que le public n'était pas, comme nous, exposé à la fragilité inquiétante des tréteaux.

Bien que les contorsions, les groupements, les figures, les tamponnements de ces bayadères vulgaires soient d'une distinction médiocre, ces danses sont sages et modestes auprès de celles que réserve à la curiosité des Européens et aux lascivités locales l'ingénieuse indécence des almées de faubourgs. Mais il faut, pour les rencontrer, descendre dans de tels bas-fonds, que je ne vous en proposerai ni l'excursion ni l'aventure.

Outre les cafés chantants ou dansants, les Arabes ont aussi leurs buvettes et leurs cabarets, qui ont leur caractère original. Une étroite porte flanquée de deux lucarnes éclaire d'un jour douteux la petite salle basse et voûtée. Tous les intérieurs sont ici exigus et obscurs. L'Arabe semble vouloir fuir au fond d'un trou la lumière et la chaleur du dehors. Dans un coin, devant un fourneau de briques, le cuisinier, jambes nues, vêtu d'un caleçon de calicot bleu, fait bouillir l'eau qu'il verse dans les petites cafetières au long manche. Sur les nattes, les clients sont diversement occupés; les uns jouent aux cartes, les autres sont profon dément endormis, la chachïa de travers, la pipe de kif aux lèvres ; d'autres, gravement accroupis, regardent devant eux et songent. Tous ces gens sont silencieux, presque imposants. Ils boivent peu, et seulement du moka, en très petite quantité. Quelle différence avec nos cafés si animés dont la clientèle bruyante déplie et commente les journaux, discute les plus graves problèmes de la diplomatie ou du jeu de dominos, entre, sort, gesticule et circule au milieu des garçons affairés. Quand on pénètre dans un café arabe, on pense entrer dans un temple dont les fidèles demeurent figés en une pieuse et somnolente méditation. Le soir, ils se groupent autour du lettré qui leur lit pendant des heures des contes des *Mille et une Nuits*. C'est le cabaret littéraire. L'estaminet prend des apparences d'académie. Tout y est calme, reposé, salutaire. Fréquenter le café, c'est continuer et entretenir son instruction. Le soir, on allume les petites lampes qui pendent à des clous. Ce sont de petites tasses de terre grise ; la mèche trempe dans l'huile ; le bout qui flambe pose simplement sur le rebord. De la rue, ces flammes qui scintillent librement semblent des feux follets qui seraient restés accrochés aux aspérités de la muraille. Elles achèvent de donner à ces cabarets l'aspect lugubre d'une crypte ou d'un mausolée.

Les cafés et les boutiques des barbiers sont les lieux de réunion, le soir. Pendant le jour, on se rencontre aux bains, tout comme à Rome au temps d'Horace. Il faut visiter un hammam en pays arabe. Ceux de l'Europe sont des contrefaçons dorées. Un matin, notre guide nous arrête dans une ruelle, devant une porte basse sous laquelle nous le suivons. Nous sommes aux thermes. On ne saurait rien imaginer de plus malpropre que cet établissement de propreté. Un couloir mène de la rue à la salle principale. Le mur est orné de rasoirs, de ciseaux, de pinces à épiler, de peignes, de plats à barbe : c'est l'officine du coiffeur. Soulevons la portière du fond. Nous voici dans une salle étrangement bariolée, d'une tonalité aveuglante.

Des dalles de pierre recouvrent le sol. On marche dans des flaques d'eau noire. Au centre, une vasque reçoit l'épanouissement d'un modique jet d'eau. Une coquille est attachée à une chaîne. C'est le gobelet banal. Au sommet d'un entassement de coussins, presque sous le plafond, le patron est couché, comme un dieu, sous un dais, — le dieu des eaux. Autour de la salle, sur les nattes, gisent les baigneurs, harassés par le massage et l'étuve, enveloppés de grands peignoirs semblables à des linceuls. Ces longues masses blanches, immobiles, alignées au pied du mur, donnent une froide impression de morgue. Un bras de fer terminé par une main grande ouverte sort de la muraille au-dessus de la porte. C'est le bras tutélaire de la Providence. Cette main écarte le mauvais œil. On la retrouve partout, dans les habitations, peinte ou découpée dans l'étain. Elle se détache en blanc sur les murailles rougies au minium, comme si quelque meunier eût appliqué au mur sa paume enfarinée. En sortant de la salle de repos, on traverse un infect corridor, tout luisant d'eau et du voisinage des latrines. On pousse un panneau en bois. Une bouffée d'air chaud vous prend à la gorge : c'est l'étuve. Sur de larges dalles, quelques baigneurs sont étendus, nus comme vers. Accroupis près d'eux, des nègres en caleçons les massent, les palpent d'une friction lente, régulière, patiente, comme s'ils voulaient réduire en poudre les chairs sous la peau. Les murailles blanchies à la chaux suintent dans la buée épaisse; des perles de rosée scintillent, puis glissent le long des parois; un jour vague et brumeux descend du plafond vitré qu'obscurcit la vapeur; l'air même est humide d'une moiteur étouffante. Nous quittons en toute hâte ce milieu torride et pestilentiel. L'atmosphère extérieure nous semble fraîche comme une matinée d'avril, malgré vingt-six degrés à l'ombre. Une visite au hammam se termine nécessairement par des considérations sur la relativité des choses.

Ce n'est pas au cours d'un voyage de touriste qu'on peut se faire une idée quelconque de la situation, des mœurs ou des besoins d'un pays. Mais la question des progrès de la Tunisie est trop attrayante, trop vivante et trop vitale, pour qu'il soit possible de s'en désintéresser, de n'y pas consacrer quelques moments et quelques conversations.

L'impression que donne la Tunisie est excellente, et c'est à la fois un sentiment de joie et d'orgueil qu'on éprouve en traversant ce riche pays dont l'avenir est plein de splendides promesses.

Il attire beaucoup de Français, et cette immigration est l'une des conditions majeures de toute bonne colonisation. Ici, les chiffres sont rassurants : quatre cent mille hectares sont possédés par nos compatriotes, et les achats deviennent de plus en plus fréquents. Ce mouvement s'étend non seulement dans les environs de Tunis, mais au loin dans le Sud. Les plantations s'agrandissent, et il y en a de considérables : sept mille hectares de vignes ont été plantés dans le nord de la Régence. Autour de Sfax, les olivettes comptent plus d'un million de jeunes oliviers. Le colon français en Tunisie est intelligent, actif, plein d'initiative et de confiance ; il ne demande au gouvernement, dont il repousse l'ingérance, que ce qu'il peut lui donner : la sécurité, la justice et les travaux publics. Les rapports des commissions et de la conférence consultative de Tunis sont à ce sujet instructifs et édifiants. La protection des personnes est tellement assurée que l'autorisation du port d'armes pour empêcher les vagabonds de porter un fusil, et l'établissement des gardes champêtres ont été les seuls vœux émis à ce sujet. En ce qui concerne la protection des propriétés, cette question, autrefois hérissée de difficultés et grosse de procès, a été résolue par l'application de l'*Act Torrens*, dont les heureux effets se sont fait aussitôt sentir en garantissant la propriété immobilière et en préparant le cadastre. Une des dernières cartes dressées montre l'état des propriétés immatriculées. Depuis le commencement de l'année 1892, cent mille hectares sont délimités et protégés contre toute revendication. Les géomètres du service topographique travaillent activement à continuer cette vaste tâche. Les frais ont été considérablement réduits. On ne paie plus que deux mille francs au lieu de sept mille, pour immatriculer un domaine de trois mille hectares. Les petites propriétés paient moins encore, une cinquantaine de francs pour dix hectares.

La culture prend des développements qui croissent de jour en jour ; les olives font la richesse du pays ; le tabac commence à prendre une grande importance ; on établit des laboratoires pour l'étude des ferments, des pépinières, des champs d'expériences. Le jour n'est pas loin où les « greniers de Carthage » retrouveront leur vieille réputation.

En matière de justice, l'abolition des capitulations assure le bon fonctionnement des institutions, rend plus rare et moins décisive l'influence du « Châra », tribunal musulman. Si les justiciables sont encore obligés, pour plaider en appel, d'aller à Alger et de faire mille neuf cent vingt-deux kilomètres, on peut prévoir l'organisation prochaine de délégations qui apporteront temporairement à Tunis les assises civiles et correctionnelles. Cette justice ambulante satisferait aux besoins du pays, qui la réclame.

Les municipalités aident puissamment l'État dans les dépenses qu'exigent les travaux publics. Certaines villes sont dans une situation florissante que constate leur aspect élégant et avenant. Tunis, Sousse, Sfax font de grands sacrifices pour aménager de beaux quartiers modernes, sans toutefois toucher à la ville arabe, qui sera partout conservée pour l'effet pittoresque. Des ports se creusent; la distribution d'eau potable est assurée; un réseau d'égouts emporte au loin les eaux polluées; les rues neuves sont éclairées au gaz. A côté de Tunis, un parc superbe sera bientôt terminé et sera un lointain pendant au jardin d'essai d'Alger. Quant au vaste port de Tunis, il va être bientôt inauguré : son large chenal s'ouvrant sur le panorama de Tunis et de ses montagnes sera l'une des plus grandioses entrées du monde.

On voudrait pouvoir louer aussi l'activité des Compagnies de chemin de fer, sinon pour l'effet pittoresque, du moins pour les intérêts des fertiles contrées de l'intérieur qui attendent un débouché à leurs richesses et des voies ferrées de pénétration. Il est fâcheux que des questions politiques entravent ici des résultats impatiemment attendus. Comme on l'a dit, il semble qu'un mauvais génie sorti d'un conte arabe ait jeté un sort sur les chemins de fer tunisiens.

Une constatation plus heureuse est celle du développement des idées françaises. Le franc remplace partout la piastre. La monnaie décimale nouvellement frappée fraye la voie à la monnaie française; le calendrier grégorien pénètre partout, ainsi que le système métrique

Le nombre des fonctionnaires étrangers diminue toujours. L'Administration centrale, sur cent trente-quatre employés, compte cent vingt-deux Français et douze étrangers; l'Enseignement, sur deux cent trente-cinq professeurs, n'a que trois étrangers, professeurs en langue italienne. Aux Travaux publics, aux Finances, aux Contributions, aux Monopoles, aux Douanes, le personnel est presque tout entier français : il ne l'était qu'à moitié en 1886. Cette épuration n'est pas une mince contribution aux intérêts de notre influence nationale. (Délibération de la Conférence, 1892.)

L'Instruction publique se répand de plus en plus. Il y avait, en 1891, deux mille cinq cents enfants indigènes étudiant notre langue dans soixante-dix-sept écoles publiques, sans compter huit écoles privées françaises. Ces écoles sont fréquentées par près de onze mille enfants. Dans la riche région du Sahel, nous avons créé des établissements scolaires français à Monastir, à Mehdia, Ksoursef, Mokenine, Djemmal et Msaken. Des cours d'adultes très suivis par les Musulmans sont professés dans la plupart des villes de la Régence. « Nous sommes assurés de trouver des élèves qui fréquentent nos écoles partout où nous en créons », me disait M. Massicault, voulant constater par là l'heureuse disposition des indigènes, prêts à nous accueillir avec joie et reconnaissance.

Chaque jour amène son progrès. Au moment où nous écrivons, nous apprenons que l'infatigable et dévoué ministre résident, M. Massicault[1], vient d'obtenir du Gouvernement la construction de chemins de fer, la création d'une Cour d'appel à Tunis, la réduction à dix centimes du port des lettres dans l'intérieur de la Régence, la fondation d'un hôpital civil, et plusieurs autres excellentes améliorations. C'est en Tunisie surtout qu'on peut citer le mot de Renan : « Vous verrez le vingtième siècle ! »

---

1. M. Massicault est mort en 1892. Il a été remplacé par M. Rouvier.

LE BARDO. — KASSAR SAID.

Vous avez déjà rencontré quelque dame d'un certain âge, qui a de beaux restes, qui lutte pour les préserver du contact flétrissant des années, qui tâche encore à se parer de gentils affiquets pour voiler les rides et pallier les ravages du temps. Elle minaude avec ses mains osseuses discrètement gantées de mitaines; elle se rengorge sous le collier de perles ou le ruban de velours qui dissimule les plis du cou; elle s'abstient de mouvements trop brusques qui secoueraient la poudre de riz et éparpilleraient le fard de ses joues. Chacun pense : « Qu'elle a dû être bien ! » Le pire est qu'elle voudrait l'être encore. La beauté est insatiable de durée. Mais aujourd'hui, c'est une divinité en retraite, qui gémit d'abdiquer. L'autel solitaire fume encore malgré l'abandon où le laissent les pèlerins. Des pierres s'effritent, et le passant songe qu'il y aurait plaisir à le recimenter, si possible était de lui rendre une seconde jeunesse.

Je ne sais pourquoi cette impression est celle que me laissa ma visite au Bardo, l'ancien palais beylical. Mais ici, on assure que le replâtrage est commencé, et qu'il pourra être mené à bonne fin. Le poudreux Bardo renaîtra de sa poussière : en attendant, il a grand besoin d'être épousseté. Les touristes emportent dans leur poche les carreaux de faïence jaune qui tapissent ses murailles. C'est le délabrement dans toute sa pittoresque laideur.

Quel désert, dans ces grandes cours où l'herbe pousse, où les volets commencent à se détacher de leurs fenêtres, où le grillage verdit, où l'on se croirait au cimetière, si quelques képis ne vous rappelaient que vous êtes devant le corps de garde du palais. Tout respire l'abandon, la ruine, la déchéance. Le château, dans sa morne solitude, semble pleurer la prospérité passée. Mais le Bardo, malgré les apparences, n'est pas une ruine. Les appartements soigneusement entretenus, quelques cours intactes, quelques escaliers de marbre, des meubles somptueux demeurent là comme une espérance au milieu de la débâcle, comme un sourire dans le deuil.

Le Bey a transporté sa résidence dans les frais vallons de la Marsa, et on ne saurait trop l'en féliciter. Il faudrait pour habiter le Bardo la sombre piété des rois d'Espagne, quand ils font une villégiature au-dessus des caveaux de l'Escurial, ou la dévote fantaisie des rois d'Italie, quand ils vont demander l'hospitalité au prieur d'Hautecombe.

C'est un étonnement de trouver au milieu des gravats, derrière les auges des maçons et les murs disjoints, sous les planchers branlants, toute une partie intacte, dorée, coquette, avenante aux étrangers et fertile en surprises. Dans les salles du musée, qu'administrait avec goût mon excellent ami Georges Doublet, s'entassent les richesses archéologiques que les fouilles malheureusement trop rares arrachent à ce sol fait de ruines. Les appartements du Bey ont déjà, eux aussi, l'intérêt historique d'un musée. C'est le Versailles de la Tunisie, mais Versailles bien jeune malgré son apparence sénile. Il n'offre à la curiosité de l'historien que quelques portraits de la famille beylicale, une salle du trône où tout est or, cristaux, miroirs, et une table sur laquelle fut signé, après une heure de réflexion, le traité du Bardo. Elle pourrait figurer, à côté de celle de Robespierre, dans une exposition des tables célèbres.

Les chambres sont curieuses. Les dorures sur fond rouge, les miroirs, les plaques de clinquant, les vitres, les dalles de marbre blanc, tout concourt à donner l'aspect d'un palais féerique, — demeure enchantée et éblouissante d'un demi-dieu ou d'un astre. On se sent chez le maître d'un peuple resté ou redevenu jeune, amoureux de ce qui brille. L'Arabe recherche les éclats fauves des voussures dorées, des arcades bossuées et fulgurantes, des glaces aux mille feux, comme l'enfant tend les mains à la lune : comme lui encore il aime les contes et les fables ; comme lui il est imprévoyant, paresseux, irritable, superstitieux. Les décorations chatoyantes du Bardo reflètent l'éternelle ou la nouvelle jeunesse de la race.

Il y a, au musée de la porte de Hal, à Bruxelles, un retable en bois sculpté. C'est le supplice atroce de saint Symphorien déchiqueté par ses tortionnaires armés de scies en bois. Les lambeaux de chair pendent et dégouttent de sang ; la bouche grande ouverte pousse des cris qu'on croit entendre ; les yeux sortent des orbites, les bras cassés ballottent en tous sens ; des pointes de côtes brisées traversent la peau de la poitrine. C'est horrible. Dans un coin du bas-relief, mêlé à la foule, un singe est assis sur son derrière et se gratte l'oreille de l'air le plus comique. Voilà tout exprimée, dès le xve siècle, cette banale vérité à grand'peine établie par la préface de *Cromwel* sur les ruines de l'esthétique classique : dans la vie, tout est à la fois grave et gai, le sérieux et le comique se côtoient ou se pénètrent. Par quelque endroit toujours les comédies de la société humaine sont larmoyantes, et ses tragédies font sourire. C'est ainsi que la gravité du palais beylical, la majesté du temple où résida l'auguste et triple représentant du Sultan, de Mohammed et d'Allah, ne vont pas sans s'accommoder d'une douce gaieté, tempérée par l'éclat imposant de la souveraineté. Il faut sourire en retrouvant au palais le souvenir des voyages que firent soit le potentat à Paris, soit les commis-voyageurs de Paris à la résidence du potentat. La civilisation européenne a pénétré dans ce sanctuaire oriental pour en altérer le caractère, en dénaturer le style, et apporter dans cet intérieur une variété inquiétante. Autour du grand salon de réception, huit grandes armoires à glace d'un modèle uniforme sont rangées le long des panneaux. Là où une porte empêchait qu'on la plaçât, une fausse armoire a remplacé la porte sans fermer le passage. Cet ameublement original emprunte un charme puissant au voisinage des colifichets qui encombrent les consoles turques, les tables incrustées, comme aussi les commodes en noyer ou les tables de nuit, dont les tapissiers indigènes ont cru devoir embellir les salles par une promiscuité plaisante. Nos meubles les plus modestes se trouvent ainsi élevés à la hauteur d'objets de curiosité artistique et de bibelots exotiques. On dirait que sous ces plafonds de plâtre si finement ciselé et dentelé, au milieu de ce luxe oriental, sur ces tapis de Kairouan, devant les lits dorés en bois sculpté, incrustés de minces plaques d'étain, on a versé le matériel de douze hôtels garnis en déménagement. Je dis bien douze, car il semble que ces acquisitions de curiosités parisiennes aient été commandées par douzaines. Dans une même galerie, vous compterez douze pendules à colonnes d'ébène, protégées par douze globes de verre posant sur des supports d'acajou, et flanquées de la garniture assortissante en fleurs artificielles sous verre. Ailleurs, douze cartels de chêne pendent aux murailles et vous entourent de leur cercle fatal. Mais s'il fut un objet hautement apprécié par les décorateurs qui meublèrent le palais, c'est assurément cette boule de verre intérieurement argenté que les mains bienveillantes de nos cuisinières suspendent au-dessus des aquariums de poissons rouges pour égayer la triste existence de leurs prisonniers aquatiques. On dirait qu'il a plu une nuée de boules sur le Bardo. Il en est resté partout, de toutes grosseurs, au plafond, sur les consoles, dans des vases au milieu des corridors, sur des supports en fer forgé. Si tout ce qui brille était argent, il y aurait là un trésor. Qui sait le prix invraisemblable que furent payées ces étincelantes futilités? Innocent peuple! On les prend, comme les alouettes, avec des facettes et des miroirs. Allah leur donne et leur conserve un bon et doux oiseleur!

A une portée de fusil du Bardo est l'ancien harem du Bey, Kassar Saïd, où la vue de nos canons a jeté tant d'épouvante il y a dix ans. Ce délicieux et voluptueux séjour n'évoque, en effet, aucune idée belliqueuse. L'ombre d'un képi a dû suffire pour effaroucher l'essaim des jolis amours nichés dans ce palais enchanteur. Il est inutile de dire, puisque nous y avons pénétré, que les colombes ont abandonné le nid désert.

Mais il semble qu'elles y aient laissé, en partant, on ne sait quelle suave poésie, des effluves troublants, de flottantes visions qui sont comme le lointain souvenir de la beauté, de la jeunesse et de la femme. L'imagination se plaît à repeupler ces grands escaliers de pierre où des lions de marbre font sentinelle. Sur les paliers, des statues de négresses aux yeux blancs ont les pointes des seins et le nombril marqués de rouge, et supportent sur la tête, de leurs deux bras levés, de grandes girandoles. On croit voir encore, aux portes de la cour de marbre où un jet d'eau s'épanouit dans une vasque d'albâtre, les eunuques nonchalants et les féroces janissaires. Voici la haute salle dorée et fleurie où les sultanes rêvaient, étendues toutes nues en travers des larges sofas, où dansaient les almées vêtues de gaze, où luisait l'éclair des yeux noirs, où miroitaient les étoffes de soie sur les chairs bronzées, au milieu des rires, des bâillements, des fredonnements, des disputes. Sur ces nattes elles se couchaient à terre pour jouer aux échecs ou grignoter des oranges, paresseuses et abêties dans la monotonie d'une existence rarement variée par des rivalités criardes, des querelles futiles, des occupations puériles, par le départ d'une amie ou l'arrivée d'une nouvelle venue. Comme des ombres légères, il semble qu'elles passent encore sur ces dalles sonores, qu'on entende le frôlement de leurs babouches traînantes, qu'elles hantent toujours ces salons aux tapis épais, ces galeries où s'est malheureusement complue la fantaisie d'architectes éclectiques.

Par les larges baies vitrées, elles promenaient leurs regards alanguis sur la forêt d'orangers qui entoure le harem. D'innombrables fruits d'or émaillent le sombre feuillage qui en est tout illuminé. A la grille veille un pittoresque janissaire à moustache grisonnante. Il porte à la ceinture un riche poignard, don généreux d'un haut dignitaire. Un changeur de la ville lui a assuré que le fourreau d'argent ciselé valait à lui seul cinq cents francs. Le modeste possesseur de ce précieux joyau daigne accepter les caroubes des visiteurs, à qui il offre, en retour, une branche chargée de pommes d'or. Il met tant de noblesse et de majesté dans l'accomplissement de ses humbles fonctions de portier, qu'on hésiterait à le rémunérer, sans les exhortations de l'interprète. Nous ne sommes pas habitués, dans notre pays, à donner quarante sous à des fonctionnaires qui portent, en sautoir, un poignard ciselé de cinq cents francs.

CARTHAGE

Une colline que surmonte une cathédrale catholique ; un couvent de pères blancs qui sont habillés comme Abd-el-Kader ; un jardinet où les massifs de glaïeuls violets embaument l'air autour d'une chapelle élevée en l'honneur de saint Louis ; çà et là, des citernes crevées et béantes, des ruines relativement récentes ; tout près, une large baie au fond de laquelle la sonde rencontre des môles qui furent des quais ; l'emplacement d'un immense amphithéâtre où les pâquerettes fleurissent dans le gazon ; un musée où s'entassent pêle-mêle des débris de statues, de chapiteaux, d'inscriptions recueillies un peu partout, et collées aux murailles comme des *ex-voto;* des trous qui marquent les fouilles ordonnées par le cardinal Lavigerie, — qu'on appelait ici *le cardinal* tout court, — et par le savant P. Delattre; de petits pâtres qui courent derrière la voiture pour vendre quelques monnaies romaines ou quelques éclats de mosaïques ramassés sous les pierres; des compagnies de perdrix qui se lèvent et vont se réfugier sur les toits du monastère; une buvette surmontée du drapeau tricolore; quelques rares maisonnettes blanches qui sont comme les premières amorces des villages prochains de la Malka et de Kamart; une végétation luxuriante et inculte qui va rejoindre en pente les premières petites vagues de la Méditerranée : voilà l'aspect désolant que présente aujourd'hui la grande cité d'Hamilcar, d'Hannibal et de Salammbô. Où sont les grands temples flanqués d'escaliers gigantesques sur les perrons desquels les hautes torchères projetaient la nuit des flammes ondulées? où les imposantes statues de bronze vert qui représentaient à la foule pieuse l'image palpable de Moloch et de Thânit? Où la masse sombre et redoutable de la grosse forteresse Byrsa, d'où s'élancèrent les armées compactes qui firent trembler l'Europe? Où l'agitation du quartier marchand de Mégara, les carrefours bruyants, les chants des mercenaires au retour d'expéditions fructueuses, les disputes des matelots dans les bouges du port, les groupes de courtisanes sur les places publiques, les cortèges des riches personnages, promenés en litière brodée et suivis par les éventails en plume de paon qu'agitaient les esclaves noirs du Soudan? Où les cris séditieux et les rencontres sanglantes des factions ennemies, les Hannon et les Barca? Où enfin la vie, l'animation, la grandeur, les splendeurs, les richesses et la puissance d'une des plus considérables cités du monde antique? L'herbe et les bleuets poussent sur l'emplacement des palais de Didon; les lézards se chauffent innocemment à la place où Hannibal fit vider les boisseaux pleins des anneaux des chevaliers romains ; les mouettes ont, depuis des siècles, repris possession des rochers où la foule vint voir Regulus attaché au poteau, les paupières arrachées, en face du soleil ; je heurte un rocher, c'est peut-être un pilier enfoui et effrité qui soutint un temple, et je foule, sans le savoir, la place où dort le Vandale Thrasamund. Dans un mouvement lent et effrayant de disparition progressive, la cité antique s'est effondrée sous le sol, et la poussière des choses l'a recouverte comme d'un linceul ; la morte a continué sa descente dans la terre vers les régions mystérieuses du centre. Des villes plus jeunes se sont élevées au-dessus d'elle, puis se sont abîmées tour à tour, refoulées, piétinées, écrasées par les générations nouvelles qui, elles aussi, ont un jour disparu, attirées par la terre insatiable, pour être broyées et fondues dans l'informe et universelle matière. Tandis qu'à la surface tout fleurit et sourit, tandis que l'alouette et les chardonnerets s'arrêtent au sommet des buissons pour gazouiller leur hymne au soleil, insouciants du troupeau qui passe et du berger solitaire qu'ils revoient chaque jour : sous le sol, les étages superposés des villes endormies s'affaissent, s'écrasent, se tassent, plongent sans cesse plus avant dans l'obscurité funèbre des terres intérieures, semblables à des vaisseaux qui sombreraient l'un sur l'autre à la même place, et à des siècles d'intervalle.

Aujourd'hui, le pic des archéologues doit, pour ramener au jour quelques pierres de la cité ensevelie, creuser et traverser une épaisseur de vingt mètres de terre, dont le temps, fossoyeur lugubre, a rempli jusqu'aux bords la tombe de l'antique et splendide Karthad Hadtha!

Le guide nous mène aux citernes à travers des terrains vagues, bossués, dont les renflements ont l'apparence de gigantesques tertres funéraires. L'esprit demeure confondu devant les travaux considérables que les vieilles civilisations nous ont laissés comme un souvenir d'elles-mêmes. On entre encore aujourd'hui dans les citernes qu'ont creusées et cimentées les Carthaginois. Il a suffi de déblayer les fosses, de consolider les revêtements, de relever les cloisons. L'eau des sources de Zaghouan, que le viaduc y amène, reconnaît son ancien séjour sous ces voûtes basses dont l'œil n'aperçoit pas le fond. Une quinzaine de réservoirs larges et profonds sont creusés dans le sol même, disposés en damier et séparés par d'épaisses murailles dont la surface supérieure, garnie d'une rampe de fer, sert de chemin de ronde. Au-dessus de cette plaine liquide, de ce lac artificiel et quadrillé, d'épais piliers soutiennent des rangées parallèles de voûtes qui font, au-dessus des bassins, comme des nefs entrecroisées, et qui entretiennent dans cette caverne régulière une fraîcheur glaciale. De l'extérieur, on n'aperçoit qu'un large plateau de pierre et de ciment, surélevé de quelques mètres au-dessus du sol, et s'étendant à perte de vue, semblable à quelque gigantesque dé de plâtre qui se serait enfoncé et aplati contre terre. En dessous, les allées cintrées, les piliers, le silence de cette solitude obscure, cette énorme nappe liquide sillonnée par d'étroits chemins de pierres, cette eau limpide, glacée, immobile, dont l'œil ne soupçonne pas les profondeurs, ces arcades qui vont se perdre au loin dans une perspective fuyante et dans les ténèbres des dernières travées ; les rayons zébrés de lumière que filtrent les étroits regards ouverts à travers le dôme ; ce demi-jour, ce recueillement austère sous ces pierres que brûle en dehors la chaleur du soleil dans la lumière parfumée des prairies sauvages, tout ce spectacle vous plonge dans une rêverie mélancolique et délicieuse, où l'on croit entendre vaguement les voix affaiblies et à demi éteintes des générations qui sont venues s'abreuver à ces sources éternelles. C'est comme un appel lointain qui plane vaguement sous cette crypte immense, où viennent encore s'abriter la nuit les pâtres des montagnes voisines, fils des Phéniciens de Sichée. Dans une vision rapide, il semble que tout se ranime ; les caravanes s'arrêtent aux portes ;

les femmes drapées d'un châle, de larges anneaux pendus aux oreilles, arrivent, une cruche de terre blanche sur la tête, puis se penchent sur l'eau, s'attardent en groupes pittoresques à causer, à rire, à suivre de leurs yeux noirs et peints les brillants officiers qui se rendent au palais d'Hannon, les marchands qui promènent à dos d'éléphants des corbeilles de parfums et des ballots récemment débarqués au port de Cothôn : vision fugitive, qui s'évanouit à la voix du gardien quand il nous présente un verre à pied pour goûter l'eau, tenant d'une main sa longue clé d'acier, et de l'autre sa casquette galonnée de l'administration des ponts et chaussées, importun souvenir des réservoirs du boulevard Clichy.

DE TUNIS A DAR EL BEY

Un court tronçon de chemin de fer relie Tunis à Hammamlif, la première étape. Nous y arrivons à six heures du matin par un temps superbe. D'un côté, la mer doucement balancée reflète le ciel bleu; à quelque distance, une haute muraille de montagnes ferme l'horizon derrière des maisonnettes blanches aux volets verts. Sur la place de la gare, la voiture nous attend, une manière de landau un peu antique, à quatre chevaux. Les colis et le coffre aux provisions, retenus par des cordes à l'arrière de la caisse, lui donnent un vague aspect de diligence. Il lui manque d'être peint en jaune et recouvert d'une bâche noire. Et de fait, c'est bien le voyage d'autrefois que nous allons faire, tout comme au temps des diligences. De Hammamlif à Kairouan, puis à Sousse, de Sousse à Zaghouan et de Zaghouan à Tunis, pendant quinze jours nous ne rencontrerons ni gares ni chemins de fer; la plaine n'est pas rayée par la réglure fine des rails, ni enfumée par la locomotive, ni réveillée par le sifflet strident de la chaudière roulante. Pendant des journées entières nous n'apercevrons même pas la muraille blanche d'une maison; dans la steppe déserte et sablonneuse nous croiserons à de rares intervalles un gourbi de nomades ou une citerne. Nous allons voyager comme on faisait avant l'invention des chemins de fer, nous allons rajeunir de soixante-dix ans.

A la tête des chevaux nous attend, le chapeau à la main, notre cocher, un petit Maltais brun, trapu, nerveux, aux yeux noirs et décidés, aux traits durs, type d'une race énergique et patiente. C'est bien l'homme de la circonstance, et il nous a souvent tirés d'embarras. Notre guide-interprète vient nous chercher dans notre compartiment. Il s'appelle Mohammed Deby, et il est nègre. Fils d'esclaves du Soudan, il a été amené à Tunis par le hasard des circonstances et le flux des marchés serviles. Il n'a aucune instruction, ne sait ni lire ni écrire, mais il connaît bien le pays, et c'est un brave homme. Je revois encore sa grosse et ronde personne, sa taille petite et ramassée, ses larges épaules où s'enfonce son cou épais et noir, sa bonne tête de nègre aux yeux souriants, ses grosses lippes, ses dents blanches, son nez épaté, toute cette physionomie douce et gaie qui respire le dévouement et l'affection immédiate, même pour des maîtres d'un jour. Il a tout de suite conquis nos sympathies, et il ne les a pas usurpées. Nous l'aimions comme on aime un bon chien. Au bout de la première journée, il nous était aussi attaché que si nous ne nous fussions jamais quittés. Quant à sa probité elle fut toujours si touchante qu'on l'eût pu prendre pour une habileté chez une nature moins simple. Elle l'a mieux servi que n'eût fait l'astuce de ses confrères. Il est d'une égalité d'humeur qui est une bonne fortune en voyage. Sa gaieté, ses histoires, ses façons gauches de parler une langue qui n'est pas la sienne, son air de contentement, ses prévenances nous divertirent fort, et nous aidèrent bien souvent à prendre en patience nos petits mécomptes.

Nous roulons à travers la plaine fleurie dans les brumes légères que dissipent les feux du matin. Sur les bords du chemin, les chardonnerets chantent à gorge déployée comme pour nous souhaiter la bienvenue au passage. A travers les alfas et les colzas s'envolent par compagnies les alouettes, les perdrix, les cailles, au-dessus des cailloux brûlants où dorment les lézards, les crapauds énormes, les scorpions, les tarentes et les vipères cornues. Malgré le soleil, à cette heure matinale, il fait frais encore.

A cette latitude, plus la température est élevée pendant le jour, plus sensible et plus dangereuse aussi est la fraîcheur des nuits et des matinées. De midi à minuit, on passe par trois ou quatre climats. En plein midi l'air est brûlant : il semble qu'on en perçoive les vibrations, comme dans les tourailles des usines ; la chaleur s'élève, descend, sort de partout ; du sol, des plantes, des rochers montent des bouffées tièdes qui vous prennent à la gorge et alourdissent les muscles. Le soir ramène la température ordinaire de nos climats quand il y fait beau. A midi, on se sent près du Sahara. A six heures, on se croirait à Meudon. A minuit, on est à La Haye. On connaît cette variété du touriste fanfaron qui affecte de mépriser les couvertures et de partir les bras ballants. Dans la journée, il est superbe avec ses allures cavalières qui eussent tenté le pinceau de Vélasquez. Sa braverie décroît avec le jour, comme si le soleil emportait aux antipodes ses élégances dégagées ; il a froid quand vient le soir, il se pelotonne, il se rabougrit, il est piteux, il faudrait pour l'esquisser Callot ou Wiertz.

J'éprouverais peut-être ici le besoin de donner aux touristes quelques conseils pratiques : nous sommes ici-bas pour nous instruire par l'expérience des autres, et c'est maladresse de devoir sa sagesse à ses propres écoles. Mais à cet égard, on ne saurait rien ajouter à ce qu'on peut lire dans les guides imprimés : ils sont fraternels jusqu'à l'absurde. Je leur abandonne le soin de vous apprendre que le chapeau de paille garantit du soleil, que les lunettes bleues conservent les yeux, qu'il fait malsain se baigner dans les flaques d'eau stagnante, si l'on craint les sangsues, ou y boire si l'on redoute les infusoires et les petits mollusques. En vérité, la nature se venge de l'abandon inculte où l'homme laisse la terre, en cultivant avec amour et succès toute une fertile végétation de bacilles et de polypes dans le peu d'eau que le soleil lui laisse.

Quant au parasol dont l'emploi est généralement recommandé, comme il est inefficace contre les bouffées de chaleur qui montent du sol, il convient, jusqu'à l'invention du parasol sphérique, de le ranger parmi les meubles inutiles. Enfin, à ceux qui espèrent trouver dans l'intérieur des terres un morceau de pain et une botte de paille à défaut d'une auberge, à ceux-là, comme dit le poète

> La biche illusion dans le creux de leur main
> Vient boire,

et ils feront mieux de remplir le coffre de leur voiture avec des boîtes de conserves, que leur cœur avec de l'espérance.

A neuf heures, nous traversons une agglomération de maisons blanches fermées, semblables à des tombes. C'est Krombalia. Nous arrêtons tout juste pendant le temps qu'il faut à nos chevaux pour souffler, et à nous pour prendre un dé de kawa, et lancer quelques dépêches. L'employé, un brave garçon de Montpellier, a l'air ravi de voir des compatriotes et de parler français. Pour ce modeste fonctionnaire, notre carriole chargée de nos ballots, c'est la France qui passe. Voyez un peu l'étrange prestige de la patrie absente. Si un obscur employé de Vaucresson ou de Busigny vous tendait la main après avoir taxé votre télégramme, vous vous étonneriez. A Krombalia, nous étions presque émus par le shake-hand du télégraphiste, et je me rappelais ce que disait déjà le vieux d'Urfé dans sa célèbre *Astrée* : « On ayme mieux les personnes de sa patrie quand on est en une contrée étrangère, que l'on n'a pas fait étant en son propre païs. »

A mesure que nous nous éloignons de la côte, le pays devient plus aride. Nous roulons sur du sable épais, compact, dur aux chevaux ; la piste semble le fond d'une mer mise à sec, et elle est peut-être bien ce qu'elle semble. Vers onze heures, nous faisons halte à la première étape qui est le caravansérail de Bir el Bouïta. C'est une maison blanche, isolée, avec des chambres nues, carrelées de faïence bleue, sans meubles.

Elle est un abri commode pour les voyageurs que surprend la nuit. Un vieil Arabe à barbe grise, à la figure plissée comme une vieille pomme, nous fait les honneurs et nous offre le café, n'ayant rien autre à offrir. Pourtant un jeune Arabe, assis sur ses talons devant la porte, pèle un hérisson, mais ce n'est pas pour nous.

Au dehors, quelques fibres desséchées essayent de courir sur le treillage d'une tonnelle, où l'on dresse notre table. Tandis que Mohammed et le Maltais disposent dans un ordre savant nos boîtes de conserves et nos bouteilles d'eau, une petite caravane s'est arrêtée, les chameaux se sont couchés, les ânes gambadent dans un pré voisin à l'ombre d'un bouquet de nopals, au milieu des boutons d'or; les conducteurs se sont allongés au pied de la muraille; les chiens reviennent de la cour où ils ont été boire, la gueule dégouttante d'eau. C'est un groupe pittoresque où les burnous, nos vestons, nos casques, les murailles, le sol poudreux, les plantes même dans leur pâle verdure offrent un fond éblouissant de blancheur aux ombres crues et vigoureuses que projette le soleil ardent. Ce paysage me rappelait une page bien délicate de ce peintre dont le style eut le coloris de ses toiles, E. Fromentin : « Une remarque de peintre, que je note en passant, c'est qu'à l'inverse de ce qu'on voit en Europe, ici les tableaux se composent dans l'ombre avec un centre obscur et des coins de lumière. C'est, en quelque sorte, du Rembrandt transposé; rien n'est plus mystérieux. Cette ombre des pays de lumière est inexprimable; c'est quelque chose d'obscur et de transparent, de limpide et de coloré; on dirait une eau profonde. Elle paraît noire, et quand l'œil y plonge, on est tout surpris d'y voir clair. Supprimez le soleil, et cette ombre elle-même deviendra du jour. Les figures y flottent dans je ne sais quelle blonde atmosphère qui fait évanouir les contours. Regardez-les maintenant qu'elles y sont assises; les vêtements blanchâtres se confondent presque avec les murailles; les pieds nus marquent à peine sur le terrain, et sauf le visage qui fait tache en brun au milieu de ce vague ensemble, c'est à croire à des statues pétries de boue et, comme les maisons, cuites au soleil. Par moments seulement, un pli qui se déplace, un geste rappelant la vie, un filet de fumée qui s'échappe des lèvres d'un fumeur de *tekrouri* et l'enveloppe de nébulosités mouvantes, révèlent une assemblée de gens qui se reposent ».

La chaleur est intense, et semble s'échapper de partout. Du ciel qui prend des tons d'acier, de la terre, de l'air, une haleine étouffante s'échappe et vous enveloppe comme une lourde tunique de feu. La buée qui s'évapore du sable est plus chaude encore que l'atmosphère. Tout dort et se repose dans la plaine immobile. Les caravanes se sont réfugiées sous les buissons; les bêtes gîtent sous les plantes et les pierres; les scorpions se chauffent paresseusement; seules, les sauterelles voltigent, heureuses de cette chaleur torride. Tout se tait, la nature est assoupie; c'est le silence et le sommeil de la nuit dans la transparente et éblouissante clarté de midi.

Rien n'égale la diversité des sites et des paysages qui se succèdent quand on traverse la Tunisie par l'intérieur des terres. Tantôt ce sont de vastes prairies où l'herbe vigoureuse et épaisse, d'un vert chaud et doux aux yeux, est émaillée d'une légion serrée de pâquerettes et de bluets. Il semble qu'il soit tombé une pluie de fleurs. C'est comme une dentelle mauve jetée sur une étoffe de brocart. Çà et là ont poussé d'antiques oliviers aussi drus et forts que sont les pommiers dans les vergers de la Normandie. Tantôt le sol devient aride et sablonneux; par places, des touffes de thapsias couvrent l'arène de leur feuillage dur, en massifs dont les bordures nettement arrêtées ont l'air d'avoir été émondées par le sécateur de quelque invisible jardinier. Ces buissons, dans leur sauvage régularité, donnent au pays l'aspect d'un parc dont les allées de sable fin serpenteraient entre des bosquets.

Tantôt la végétation se fait rare; quelques

houppes de plantes jaunies et grillées émergent, maigres et sèches, entre les cailloux. La base des montagnes voisines est effritée, morcelée, craquelée, égrenée en mille éclats de pierre qui restent accrochés par les angles, ou qui ont roulé dans la plaine. Le sol est couvert de granit éparpillé et concassé. De temps en temps un bois de nopals dresse vers le ciel ses raquettes rigides, hérissées d'épines. Tous ces sommets arrondis ont le soir de fantastiques formes de têtes humaines, et de loin on croirait voir une phalange pressée de nègres au crâne tondu, figés dans une effrayante immobilité. Ailleurs, de pâles haies d'aloès dressent de toutes parts leurs épaisses et larges lames, dont la pointe menace et transperce comme une baïonnette l'imprudent qui fait un faux pas devant elle. Tout est gris de poussière, et paraît enveloppé d'un léger brouillard, comme si quelque immense et fin tissu était descendu du ciel sur les choses, s'accrochant aux angles des roches, aux pointes frêles des arachides et des sésames, s'étalant sur la piste aride pour mouler exactement les rondeurs des aurantiacées ou les tiges grêles des asphodèles et des sorghos sucrés.

A de rares intervalles, nous croisons une caravane armée, des marchands qui transportent aux marchés de Kairouan ou du Kef des dattes, du manioc, des palmes. Les ânes, les chiens de garde entourent les quarante ou cinquante chameaux qui balancent gracieusement leur long cou à chaque pas. Sur l'horizon bleu se détachent les silhouettes pittoresques des Bédouins à cheval, la tête emprisonnée dans le large capuchon, le burnous flottant sur la croupe de la bête, la ceinture garnie de pistolets à crosse incrustée et de poignards, un long fusil à pierre en bandoulière derrière le dos. Parfois aussi nous rencontrons une citerne tarie, ou un marabout isolé dont le dôme blanc étincelle sur le fond sombre des oliviers noueux, ou bien quelques ruines sur l'emplacement d'une opulente cité. Ces pierres racontent ses splendeurs disparues, ses ponts hardis, ses amphithéâtres, ses basiliques : les grillons chantent sur le sable qui recouvre comme un linceul ces sociétés englouties, et, près des citernes, la nature fait fleurir les pâquerettes pour décorer leur tombe.

Bientôt nous entrons dans la riche région de l'Enfida, pleine de promesses. Des travaux considérables de culture et de voirie y ont été entrepris. C'est le Pérou de la Tunisie, mais il attend encore ses frères Pizarre. Sur le flanc de la montagne, une masure en plâtre abrite les cantonniers qui sont des nègres soudaniens et des Européens mélangés. C'est dimanche. Les ouvriers se reposent à l'ombre de leur hangar, d'où nous vient une étrange musique, grêle et chevrotante comme la plainte d'un vieux clavecin. Nous approchons : c'est une vielle. Quelques ouvriers sont Auvergnats ; ils égaient leurs loisirs en dansant la bourrée devant les nègres recueillis et accroupis en rond. L'Auvergne amuse l'Afrique. Vercingétorix danse pour Boule-de-Neige!

Plus loin, près d'un abreuvoir, un Kabyle bronzé et ridé, en guenilles, est assis à terre près d'un chaudron posé sur un feu de bois vert. Il a étalé sur un mouchoir quelques citrons, des œufs, des olives. Il vend aux ouvriers ou aux marchands qui passent ces maigres victuailles qui manquent de fraîcheur. C'est le gargotier du désert. Nous lui demandons un verre d'eau; il ne vend pas à boire, l'eau coûte trop cher. Elle est le bien le plus précieux, dans ces régions desséchées, si c'est une même chose qu'être précieux et rare. Çà et là, d'antiques citernes ouvrent leurs voûtes éventrées à l'air brûlant et aux tourbillons de sable; le cocher arrête, siffle, et à ce signal accoutumé les chevaux avancent leurs naseaux fumants vers l'auge à demi vide. Quelquefois encore, au fond du lit d'un fleuve ou d'un marais évaporé, un peu d'eau croupit, verdâtre et saumâtre. Le cocher et le guide y vont remplir leur bouteille, qu'ils boivent en enveloppant le goulot de leur mouchoir sale, en guise de filtre. Nous sommes heureux, pour eux et pour nous, d'avoir dans notre coffre une provision de bouteilles d'eaux minérales : encore nous donnent-elles des inquiétudes. Deux d'entre elles ont fermenté sous l'action du soleil et ont fait sauter leur bouchon. Allah veuille qu'elles ne se vident pas toutes de la sorte sur le sable !

DAR EL BEY

Enfida-ville ou Dar el Bey est un modeste village en bois, qui doit sa réputation à ce qu'il est le siège et le centre d'une importante compagnie d'exploitation agricole pour toute cette région de l'Enfida, la Franco-Africaine. L'intendant loge dans une ferme emmuraillée et crénelée comme une forteresse, surmontée du pavillon français. Grâce à une lettre d'introduction du Résident, nous trouvons là un abri pour la nuit, abri modeste mais suffisant qui consiste en une chambre nue, carrelée, dont les coins semblent une retraite paisible pour les scorpions, et dont l'unique fenêtre a les vitres brisées. Comme tout est relatif en ce bas monde, et que sans cette chambre il nous faudrait probablement coucher sous les roues de notre voiture, nous nous considérons comme favorisés de la fortune et d'Allah. Il nous est d'ailleurs aisé de prévoir qu'en agençant convenablement nos boîtes à photographies et nos couvertures de voyage sur nos petites couchettes de fer, nous n'aurons presque rien à envier aux moelleux coussins et aux tapis épais du harem de Kassar Saïd.

Quelques huttes de bois entourent la grand'place où se tient le marché du lundi. Entre les tentes de toile, les chameaux se reposent, une patte pliée en deux et entortillée d'une corde qui les empêche de s'écarter. Çà et là sont parqués des troupeaux de moutons blancs à tête noire, des ânons qui dorment, des chiens de garde qui veillent. A terre, sur des toiles, sont étendus pêle-mêle Arabes, clients, mercantis, paquets

de benjoin ou de piment, balles de dattes
écrasées, bottes de henné ou de grenades,
poteries jaunes de Nebeul, et aussi, hélas!
toute la variété des menus objets qui constituent le fonds de nos bazars populaires, et
dont la présence ici constate déjà le passage
de nos commis-voyageurs : peignes verts ou
bleus en celluloïd, miroirs troubles sertis
dans un mince cadre d'étain, étuis en buis,
broches en cuivre et bracelets en laiton, enfin tout le contenu des grandes malles noires
à clous jaunes que promènent à travers le
globe les gais enfants de Gaudissart. Nous
errons quelques instants parmi ces masures
de bois ou de toile, d'où sortent des effluves
panachés de benjoin pilé, de linge sale ou de
friture, et où grincent quelques notes aigres
de guzla, de flûte ou de derbouka, qui est
un pot tendu de peau. Nous résistons à la
tentation de ramener en Europe quelques
béliers qu'on nous offre pour six francs par
tête. Notre cocher maltais, plus magnifique
que nous, acquiert pour un prix modique
deux poules qui feront les frais du festin le

premier soir du prochain rhamadan. Il faut dîner à l'auberge où prennent leur pension les employés et les ouvriers de la Compagnie. Elle est l'unique bâtiment de la grand'place. On y trouve tous les agréments, pétrole et fil à coudre, savon noir, et même un billard. Le restaurant est meublé de trois petites tables recouvertes en toile cirée jaune, ainsi qu'on en voit dans les cabarets où se réunissent les cochers de fiacre. En comparaison des tentes où grouillent les fellahs, cette auberge offre tout le confortable désirable. C'est la Maison Dorée de l'Enfida. A côté de nous dînent deux terrassiers italiens en culottes de gros velours, et un contremaître récemment arrivé. Sa figure cramoisie et gercée constate que le soleil de Tunisie l'a furieusement éprouvé :

> De l'implacablo souleïado
> Tout en un cop l'escandihado
> Iô tabeo dins lou front si dardaïoun.

Non plus que Mireio, il ne paraît pas lui en garder rancune, et il cause fort gaiement. Par la fenêtre, au-dessus de la haie de cactus, on aperçoit les têtes d'Arabes et de chameaux qui circulent sur le marché dans le bruit assourdissant des moutons qui bêlent, des ânes qui braient, des petits fellahs qui jurent en courant, jambes nues, pour aller remplir à l'abreuvoir leurs seaux carrés de fer blanc, ou leurs outres en peau de chèvre. Sur la table fume le couscouss auprès d'un alcarazas en terre émaillée, de forme gracieuse avec son col strié, son anse courte, son goulot étroit, sa panse peinte. Qu'on imagine dans ce décor savoureusement exotique un Italien venant racler sur sa mandoline *My Queen* et *Estudiantina*, tout comme il en passe le dimanche devant les restaurants les plus fréquentés du Bas-Meudon ou de Joinville, et l'on comprendra pourquoi nous le congédiâmes sur l'heure, en le payant plutôt pour acheter son silence que pour le récompenser de son à-propos.

Nous étions encore à table. Un spahi vient nous prévenir que le Caïd nous attend dans ses bureaux.

On pénètre dans les bureaux du Caïd par une cour de terre battue qu'habitent les trois spahis de la commune, deux ou trois nègres chargés de l'entretien et du balayage, quelques poules qui picorent, et deux ânons. Bureaux et corps de logis affectent la forme qu'ont les guérites provisoires des cantonniers sur nos grandes routes. Ils occupent deux côtés de l'enclos qu'un treillage sépare du chemin. La première de ces cabanes est le cabinet du Caïd. Le sol y est de terre battue, presque nivelée. Les murailles et le plafond sont l'envers des planches de sapin brut, sans peinture ni papier. Dans un coin sont suspendus les harnais des chevaux et tous les accessoires de l'équipage. A côté, sur un rebord de poutre, un savon de Marseille à demi usé constate chez l'heureux fonctionnaire des habitudes louables de propreté et d'hygiène. Une petite armoire de bois blanc contient sans doute les archives. Le pupitre du Caïd n'affecte point le luxe insolent des bureaux de nos ministres. C'est une table en sapin, simple et solide, que ne surchargent point des paperasses inutiles : un journal arabe, un almanach des postes, une bouteille d'encre de la Petite-Vertu, deux ou trois roseaux pour écrire, et un cent entamé de cartes de visite, voilà tout. Car le Caïd a des cartes de visite, dont il semble très fier. Nous avons d'abord échangé nos noms ainsi qu'il se pratique communément dans tous les salons diplomatiques. Il met sur sa carte : Ahmed Othman, lieutenant-colonel, Caïd des Oulads Saïd. C'est une noblesse qu'un titre pareil.

Je suis sûr, d'ailleurs, pour les avoir vus, qu'il a au moins trois spahis sous ses ordres. Une chromolithographie pendue au mur, et représentant quelques généraux français, achève de nous édifier sur ses instincts guerriers.

Othman, malgré son nom, n'a rien de commun avec les farouches confidents des tragédies orientales de Racine ou de Voltaire. La figure souriante est des plus sympathiques. C'est un homme d'une cinquantaine d'années, grand et vigoureux, le menton rasé, la moustache grise. Il est vêtu du costume arabe qui le drape majestueusement. Comme il ignore la langue française, son fils lui sert d'interprète. C'est un excellent jeune homme à la figure un peu poupine, souriante, rose comme son péplum. Pour nous faire honneur, je pense, il adopte, pendant la visite, quelques-unes de nos habitudes européennes. C'est ainsi qu'il s'assied sur une chaise et non sur ses talons; qu'il porte des souliers vernis et des chaussettes au lieu des babouches jaunes sur les pieds nus. L'intention est plus aimable qu'heureuse. Le costume arabe ne comporte l'escarpin qu'au prix d'une disparate un peu comique.

Le spahi de service a, pendant l'échange des premières civilités, apporté une table chargée de gâteaux frits dans l'huile ou décorés de losanges en papier doré sur fond tricolore; le moka fume dans les petites tasses à côté d'une bouteille de sirop de groseille. Après une collation cordiale, et une conversation pleine d'effusion, nous nous levons pour prendre congé de notre hôte en lui confirmant l'excellence de son goûter et les sentiments les plus bienveillants de la nation française, quand apparaît un nouveau spahi chargé de trois gros pots en terre grise dont le couvercle est cimenté sur les bords. « Veuillez accepter, nous fait dire le Caïd par notre interprète, en souvenir de votre passage, ces pots de miel des abeilles de Takrouna, et que la vie vous soit douce comme lui. » — Braves gens! quelle sympathie touchante dans sa simplicité! Car je me refuse à croire que ce fut là l'habileté préméditée d'un personnage officiel devant des visiteurs porteurs d'une lettre de la Résidence. La poignée de main que nous avons échangée au départ était celle de gens amis; nos adieux ne sonnaient pas faux, et sous la cahute de bois, groupés autour de trois pots de miel, nous avions l'air de symboliser, dans une allégorie bonne enfant, l'alliance amicale de la Tunisie et de la France.

Le lendemain matin de bonne heure, de

gros coups de poing ébranlent la porte de notre remise. C'est Mohammed qui sonne la diane. Nous bondissons en sursaut : il fait grand jour; nos montres marquent cinq heures. Le soleil splendide inonde notre chambre où il entre d'autant plus commodément que cinq carreaux sont cassés, laissant passer les senteurs exquises du petit jardin. Dans un fouillis de verdure que piquent de grosses fleurs aux tons chauds et caressants, dans les massifs où les palmiers se marient aux néfliers, où fleurissent les pivoines monstrueuses, les dahlias, les tubéreuses, les menthes et les cassies, toute une légion d'oiselets bavards semble s'être donné rendez-vous pour nous offrir l'aubade. C'est un charivari mélodieux où percent les cris des loriots et des chardonnerets à travers les modulations du rossignol et les brillantes variations des canaris dorés. On dirait que toutes les floraisons et tous les chanteurs ailés se sont réfugiés sur ce petit coin de terre pour fuir la désolante sécheresse des steppes et y attendre les soins et la rosée que leur prodiguent de leurs mains blanches les douces jeunes filles de la maison.

Comme nous avons couché tout habillés, nous sommes vite prêts. Nous traversons la place déjà pleine de gens et de bêtes. A l'extrémité de la bourgade, la citerne détache sur l'horizon les arêtes vives de sa construction carrée, blanche, massive. Sur les côtés une longue auge s'étend entre deux épais piliers. Sur la terrasse du toit, un chameau tourne le cabestan d'un pivot qui fait monter l'eau. Près de lui, deux Arabes causent, les jambes pendantes. Derrière la citerne a poussé un bouquet de palmiers qui s'inclinent et ombragent ce groupe pittoresque, digne de tenter le pinceau d'un peintre. Nos chevaux, bien reposés, nous emportent rapidement. Sur la plus haute tige d'un aloès, un petit chardonneret se balance en chantant, par un mouvement de bascule qui lui donne l'air de nous saluer, ou de se moquer de nous.

EN ROUTE POUR KAIROUAN

Voilà deux jours déjà que nous habitons notre roulotte. Les chevaux commencent à fléchir l'échine, et à baisser la tête, comme les coursiers d'Hippolyte. Il faut que le Maltais les anime et les réveille par de brillants claquements de fouet et par des « iou! iou! » qu'il ne cesse de flûter en voix de fausset. Le ciel continue à être radieux. Dans la matinée, nous croisons un ménage d'Arabes, riche à en juger par le costume et les armes. Le cavalier, que je suppose sans preuves être le mari, est un bel homme à barbe noire. Enroulé dans un fin burnous, le fusil en bandoulière sur le dos, à la ceinture un poignard ayant une garde d'argent ciselé, il monte le premier chameau sur une selle de maroquin rouge. L'autre bête porte une jeune femme voilée, drapée d'un élégant châle violet, et un enfant d'une dizaine d'années, coiffé d'un large chapeau de peluche violette garni de passementerie blanche. Les grands bords, très souples, se balancent aux mouvements du chameau, comme les ailes d'une chauve-souris. Et c'est une surprise là-bas, si loin de nos traditions, de notre vie de famille et d'intérieur, de voir ce tableau, — banal chez nous — : Monsieur, madame et bébé en voyage!

C'est l'heure de la halte. La voiture s'arrête au pied d'une chaîne montagneuse, dont les pierres ont la couleur violacée des gisements de minerais ferrugineux. Au sommet, un poteau porte un large tableau fait de lattes entrecroisées, reste du télégraphe optique établi pendant la campagne des Kroumirs, pour relier Kairouan à l'escadre de la Méditerranée. Nous déjeunons à terre, à l'ombre de notre véhicule, près des chevaux dételés, dans le silence imposant de cette immense solitude, sous un ciel de plomb. Nous avons l'air de mettre en scène *Napoléon en Égypte* :

> Et l'étrange bivac, que l'air chaud enveloppe,
> Dans un décor d'Afrique offre un tableau d'Europe.

Entre les brins d'herbe sèche, le sable est brûlant, sillonné par de longs lézards et de petites couleuvres paresseuses au col argenté. A chaque pas, nous effarouchons des colonnes de grosses fourmis ailées, des papillons qui étincellent des reflets les plus chatoyants, depuis le bleu topaze ou le rouge cuivre, jusqu'à l'or fin des miniatures arabes.

A l'horizon, au détour du djebel, un gros de cavaliers apparaît. Ils approchent, deviennent mieux distincts : c'est un escadron de spahis qui escorte cinq prisonniers, des Kabyles qui ont assassiné des Européens. Sur leurs selles brillantes, les spahis en burnous bleu, le fusil en bandoulière, le sabre battant les flancs des chevaux, suivent lentement le groupe sinistre. Les cinq criminels marchent pieds nus, la tête enveloppée du capuchon que serre une corde en poils de chameau, le cou pris dans un carcan de fer muni de chaînes : l'une relie le prisonnier au carcan du voisin, l'autre retombe derrière le dos, et porte à son extrémité un lourd boulet, pour empêcher toute velléité de fuite. D'ailleurs, les gardiens ont leurs revolvers dans les fontes. Les témoins et les Arabes impliqués dans l'affaire suivent à pied. Nous échangeons quelques mots avec l'officier, et nous le chargeons d'une dépêche pour sa première étape, où nous avons oublié nos appareils photographiques. Pendant que nous revenons à notre frugal repas, l'étrange caravane s'éloigne, rapetisse peu à peu dans l'éloignement, puis disparaît. Il ne nous reste plus que le souvenir de cette vision lugubre. Dans ce décor grandiose où la nature règne en souveraine, où la main de l'homme n'a pas encore arraché les broussailles, fendu les rocs, tracé des routes, construit des demeures, où la végétation n'a d'autre rosée que celle du ciel ni d'autre direction que son caprice sauvage, où les insectes, les oiseaux et les chacals mettent seuls de la vie à travers l'isolement paisible de ces montagnes brûlantes, dans ce silence majestueux qui a perdu jusqu'au souvenir des peuples disparus, ce cortège, cette chaîne de prisonniers faisait le plus saisissant contraste. C'était l'image de la justice humaine traversant des régions inhabitées, évoquant le souvenir des conventions sociales au milieu du désert et loin des sociétés, faisant surgir comme des apparitions terribles le crime et le châtiment, tristes enfants de la civilisation, dans la paix et l'ignorance première des libres et pures floraisons s'épanouissant au sein de la nature.

Nous nous sommes remis en route, et nous roulons depuis quelques heures, quand les roues de la voiture frôlent une haie d'épines bleues : c'est un gourbi de nomades.

« — Vous voulez voir? » nous demande Mohamed. Toute la famille kabyle est accourue et nous regarde avec intérêt, comme on regarde des objets rares, venant de très loin. Nous nous dévisageons, les blancs et les bronzés, avec une curiosité qui cesse d'être humiliante, parce qu'elle est mutuelle. Les Touaregs, que la foule va contempler derrière les grilles du Jardin d'Acclimatation nous sont inférieurs, parce qu'ils connaissent la race qui les exhibe et qui les visite. Au désert, chaque camp a sa part de nouveauté, d'ignorance et d'étonnement.

Le gourbi se compose de deux tentes en toile noire soutenue par quatre piquets et traînant à terre. Elles sont juxtaposées à angle droit, et ont une forme allongée, les côtés s'amincissant en pointes de fuseau. De loin, on dirait un torpilleur échoué dans les sables, éventré par une large baie qui est la porte. Des haies épineuses ferment l'ouverture de l'angle qu'elles forment, et défendent contre les chacals cette espèce de cour où, la nuit, un grand feu brûle pour écarter les fauves. Un chameau pelé, un âne, un chien blanc, deux Kabyles et leurs femmes, plusieurs marmots, sont les habitants de ce retranchement pittoresque et isolé. Le chameau rumine couché au milieu de l'enclos ; l'âne broute en dehors, le chien grince des dents en nous regardant de travers, les marmots demi-nus ouvrent de grands yeux, les femmes sourient, accroupies autour de la terrine où elles préparent le couscouss, un Kabyle dort sous sa tente, et l'autre s'avance vers Mohamed pour savoir ce qu'on leur veut.

Dès qu'ils furent rassurés, ces sauvages nous reçurent avec toute la grâce dont sont capables des gens accoutumés de vivre en compagnie d'un chameau, avec le ciel pour toit, devant le désert pour horizon. Les femmes surtout nous firent bonne mine, flattées peut-être de se sentir le point de mire de notre curiosité. L'une d'elles nous offrit même du lait fermenté de chamelle dans une écuelle de bois, où flottaient des moustiques noyés et des caillots de beurre.

Elle était jolie, avec ou malgré ses tatouages bleus sur sa peau bronzée, les yeux vifs, le nez busqué, le sourire malin, les bras nus ornés de bracelets ciselés, un peu sommairement vêtue d'une chemise de calicot bleu, indiscrètement fendue sur les côtés dans toute sa hauteur, et serrée à la taille par une écharpe. Un réseau d'amulettes emprisonnait, sous un châle déteint, sa chevelure noire ; au cou, aux oreilles pendait en grappes toute une collection de morceaux de corail, d'ivoire, de petites verroteries, des plaques d'argent, des médailles propitiatoires. Par un raffinement de grâce et de politesse, elle écuma avec ses doigts les mouches qui nageaient dans le lait. Comme nous les quittions, après leur avoir laissé quelque monnaie, nous avons offert au maître un cigare. Il le retourna entre ses doigts comme un objet nouveau, et nous le rendit ; mais la femme tendit le bras et le prit. Même chez les nomades, la femme est toujours plus avisée que l'homme, et celle-ci savait qu'il ne faut jamais décourager l'offre par un refus.

Depuis, j'ai souvent revu, dans mes souvenirs, le gourbi de Bir-Kraret, et je pense quelquefois à ces êtres qui vivent librement, en dehors de toute société, en marge de la civilisation, indifférents aux progrès de l'esprit humain, dégaigneux du bien-être, insouciants de leurs frères, dans un isolement qui limite leurs besoins et qui perpétue, dans une immobilité invariable, leurs antiques traditions. Ils sont d'un autre âge, ces nomades ; ils étonnent et déconcertent nos exigences et nos raffinements modernes. Le soir, quand ils s'endorment sous la clarté bleue du ciel étoilé, tandis que le grand chien, l'oreille aux aguets, regarde flamber les tiges d'alfa sur le brasier devant la tente, aucune ambition, aucun souci ne trouble leur sommeil. Ils vivent la vie sans désirs, sans enthousiasmes, sans attaches ni entraves, sans patrie ni demeure, curieux seulement des caravanes qui passent, faisant de leur oisiveté trois parts pour le sommeil, les repas et l'amour, quelquefois secoués de leur torpeur par quelque fanatique qui pro-

mène au galop de son cheval le drapeau
vert, signal du ralliement et de la guerre.
A part ces rares instants d'alerte, leur existence toute végétative les isole dans un exil
volontaire et errant, dans une retraite superbe et orgueilleuse, où ils ne doivent
d'hommages qu'à la Nature et de comptes
qu'à Dieu.

KAIROUAN

Au centre d'une plaine immense, inculte, nue et déserte jusqu'à l'horizon des lointaines montagnes, dont les crêtes bleues déchirent le ciel, majestueuse dans son isolement silencieux, comme une île sacrée en plein Océan, Kairouan, la Ville Sainte, déploie ses grosses murailles blanches, crénelées, massives, dont l'enceinte régulière se détache nettement sur le fond poudreux et roussi de la campagne. Ne cherchez pas les environs de la ville, la banlieue, les faubourgs : à soixante kilomètres à la ronde, l'œil n'aperçoit rien que les caravanes dolentes suivant les pistes sablonneuses, entre les nopals et les mûriers gris, les unes dans la direction de Soussa, où elles arriveront après dix ou douze heures de route, les autres vers l'Enfida, Takrouna ou Zaghouan, à deux journées de traite.

La ville s'étend ainsi, morne et blanche, en plein désert, dans le silence et le recueillement, loin de tout, face à face avec la nature et le ciel, enfermée dans son enceinte, comme serait quelque statue sacrée retranchée dans un sanctuaire, hors du bruit des hommes.

Aujourd'hui, notre drapeau flotte au sommet de la Kasba; les sonneries du clairon se mêlent aux chants graves des muezzins et les mosquées sont ouvertes aux Européens, sur lesquels, il y a dix ans, les gamins de la rue crachaient en les appelant : « Chiens de chrétiens! » Quelque glorieux souvenirs que cette conquête ajoute à notre histoire, il y a cependant quelque chose de pénible et de navrant à voir ainsi profaner le temple d'une religion vaincue : sacrilège brutal qui fait plier la foi sous la force.

Kairouan! la ville sainte, la Mecque de l'Occident! On ne peut entrer sans une certaine émotion dans ce poétique sanctuaire, dont l'approche est rêvée et révérée encore par des millions de fidèles d'un bout à l'autre de l'Afrique. Je ne sais si aucune religion a jamais donné à ses adeptes une foi aussi ardente, aussi répandue, j'ajouterai aussi homogène. Bossuet condamnait à l'impuissance la religion protestante à cause des variations de son église : la sienne n'est guère mieux protégée contre les divisions et les schismes. La religion musulmane est demeurée foncièrement une et simple. De Tanger à Mascate, le culte a le même objet, le fanatisme a les mêmes impulsions, les mosquées sanctifient le même Dieu. Le sultan de Constantinople a son tapis de prière dans la grande mosquée de Kairouan. Aucune de nos cathédrales n'a jamais vu une affluence comparable à celle des pèlerins de La Mecque. C'est une force, et une force terrible, cette communion et cette persistance des mêmes idées religieuses à travers la moitié de l'Ancien Monde : et il ne faudrait pas chercher ailleurs le dernier et le seul principe de vitalité chez cette race moribonde.

Les mosquées sont nombreuses à Kairouan. Regardez la ville à vol d'oiseau, du haut d'une terrasse : ce ne sont que coupoles, koubbas et minarets, au sommet desquels des muezzins prosternés invoquent Allah jour et nuit, toutes les deux heures.

La nuit surtout, quelle étrange impression produit cet appel prolongé ! Tout est calme : soudain, une grande voix traverse les ténèbres, grave, lente, traînante, comme la plainte d'un blessé sur un champ de bataille abandonné. Bientôt, du minaret voisin, un autre appel répond, prolongé et lugubre. Puis, comme si tous les minarets de la ville s'éveillaient pour prendre tout à coup une voix humaine, les appels se croisent, se succèdent, les uns tout proches, les autres lointains et affaiblis, pareils au cri de veille des sentinelles en faction : et ne sont-ils pas les sentinelles de Dieu, qui veillent sur les âmes ? Le nom d'Allah retentit et plane sur toute la ville endormie, comme un réseau protecteur tendu contre les divinités malfaisantes de la nuit.

On songe alors aux carillons des Flandres, quand les cloches des beffrois égrènent, ainsi que des perles, à travers l'espace étoilé, les notes légères et joyeuses de leurs mélodies populaires. Oh ! combien la froide Flandre est gaie auprès de l'Arabie, et que le carillon de Bruges est irrévérencieux, auprès des prières solennelles et graves du muezzin !

Accoudé à ma fenêtre, je regarde la ville dont les flèches et les dômes prennent des reflets d'acier sous les rayons clairs de la lune. Au zénith, une pluie d'étoiles scintille, comme une poignée de topazes glissant et roulant sur un tapis de velours bleu. Rien ne bouge ; les voix dolentes traversent les airs et montent vers Allah ; on ne sait d'où elles sortent, et l'on dirait qu'elles sont les lamentations sinistres des âmes trépassées qui voltigent au-dessus de leurs anciennes demeures, entraînées dans le tourbillon des oiseaux de nuit.

Les mosquées ! Quelles étranges merveilles que ces édifices, témoins et souvenirs d'une des plus brillantes civilisations! Quels artistes furent ceux qui conçurent et exécutèrent les plans de ces temples minutieusement décorés et ciselés à jour ! Le dehors est simple ; les hautes murailles blanches, élevées de huit mètres, épaisses de deux, soutenues par des contreforts massifs, percées de rares soupiraux, ne font pas prévoir les surprises de l'intérieur. Entrez : c'est un éblouissement.

Nous voici à la grande mosquée de Kairouan, la mosquée de Sidi-Obka. On pénètre d'abord dans une vaste cour entourée d'une large galerie dallée, dont le plafond repose sur un double rang de piliers à chapiteaux antiques. Le sol est pavé de pierres tumulaires de l'époque romaine. A chacun des quatre angles de la cour s'ouvre un regard de citerne, encadré d'une margelle épaisse qui est un gros bourrelet de marbre noir. Les cordes des seaux en ont usé l'intérieur, dont la circonférence est à présent découpée comme un rouage denté.

A voir ces marques inégalement creusées dans ces ceintures de pierre par le frottement du chanvre ou des cordes en poils de chameau, on demeure confondu par le nombre d'années, de siècles qu'il a fallu pour entamer aussi profondément ces surfaces lisses et dures, tout comme on regarde avec surprise, au bas des cascades, ces pierres que les chutes d'eau ont creusées par l'usure lente mais persistante du granit éternellement enveloppé d'un nuage d'écume blanche.

Ces dentelures de la citerne évoquent dans l'esprit l'image des générations qui se sont succédé sur ses bords. Chacune d'elles a laissé sur le marbre la trace profonde de son passage. Les hommes ont disparu. Leurs restes même ont été dispersés par les vents. Seule, l'inerte matière oppose à l'œuvre destructive et sûre des siècles son impassible résistance : et le touriste, puisant aujourd'hui à la citerne de Sidi-Obka, laisse glisser la corde par la rainure qu'ont creusée il y a onze cents ans les sujets de la dynastie des Aglabites.

Çà et là, dans la cour, s'élèvent quelques tronçons de colonnes supportant des inscriptions, des tables du Koran, des cadrans solaires. Au centre, une curieuse ornementation de dalles sculptées encadre un puits. C'est une disposition étrange de dessins creux ou en relief, figurant une empreinte symbolique de pattes de chiens et de sabots de chameaux. Il y a une légende, que conte naïvement le guide. C'était au temps de l'invasion. Soixante-dix mille Arabes étaient cachés dans une immense forêt de nopals qui couvrait alors le pays, et ils avaient soif. Un de leurs chiens, fort altéré aussi, se mit soudain à aboyer, à gratter le sol. Il venait de découvrir une source et de sauver l'armée. On fit monter l'eau à l'aide d'un manège, auquel fut attelée une chamelle pleine, qui mit bas presque aussitôt. Pour perpétuer tous ces heureux événements, l'artiste sculpta dans la pierre, autour de l'orifice qui s'ouvre sur la citerne, des pattes de chiens, des pieds de grands chameaux et des pieds de petits chameaux, afin de léguer à la postérité le souvenir d'une grande détresse, d'un bonheur inespéré et d'une reconnaissance persistante envers les humbles auxiliaires dont Allah se servit pour sauver son peuple.

C'est encore un chameau, un descendant lointain de l'autre, qui tourne aujourd'hui le manège de la citerne pour alimenter la ville. Il est d'usage d'aller lui faire visite. Il habite, avec un petit chat noir, un premier étage auquel on accède par une pente douce. Là, dans une vaste chambre toute blanche et poussiéreuse, coiffé comme un clown d'un chapeau d'osier trop petit pour sa tête, mais suffisant pour lui bander les yeux, il tourne mélancoliquement le levier de la machine, insoucieux et inconscient de la grandeur de son rôle. Et là-bas, distribuer l'eau, c'est distribuer la vie.

Le cloître de la mosquée entoure la cour, soutenu par une double rangée de piliers sur lesquels retombent en fer à cheval des arcades étranglées par le bas. Comment décrire l'étrange et patiente décoration des panneaux dessinés sur les plafonds, les peintures, les arabesques, les losanges d'or, les applications de plâtre si délicatement ciselé, qu'on dirait une fine dentelle tendue sous la voûte ?

Pénétrons dans la mosquée, bâtie sur le même plan que celle de Cordoue. Mais quelle prodigieuse distance de l'une à l'autre ! En Espagne, c'est l'intérieur terne, replâtré, réparé, d'un immense vaisseau éventré par une cathédrale qui est restée logée dans ses flancs ; c'est une enfilade de colonnes, sombre et morne, dont la triste solitude n'est interrompue que par les pas lourds des suisses sur les dalles de marbre et les exclamations discrètes des touristes. C'est l'image de la mort, de l'abandon. C'est le cadavre froid d'une mosquée livrée à la curiosité banale des passants.

On prie encore dans celle de Kairouan, et sur les larges nattes d'aloès, les musulmans, leurs sandales à la main, se prosternent devant le mihrab et adorent Allah. On en voit qui restent accroupis au pied des piliers, immobiles, la figure impassible, le regard vague et perdu dans la contemplation de l'infini. Autour d'eux, dans la clarté douteuse que laissent faiblement filtrer quelques vitraux, s'étendent comme une forêt les longues rangées de piliers dont les cent quatre-vingts fûts d'onyx et de porphyre supportent les voûtes de dix-huit nefs sur leurs chapiteaux ciselés où l'art arabe imite, en le déformant, le style corinthien

L'allée principale passe sous quatre coupoles élancées d'où retombent des lustres gigantesques, qui n'ont d'autre caractère que leur lourdeur disgracieuse. Ce sont d'énormes cônes formés par la superposition de cercles en fer mince et dentelé, dont le plus large occupe la base. Chacun de ces cerceaux est garni de petits godets pleins de graisse où trempe une mèche.

Au fond, faisant face à l'entrée, et indiquant vers l'est la direction de La Mecque, le mihrab, où repose le Koran, est une sorte de haute et large armoire surchargée de fines arabesques, de losanges en couleurs, de filets d'or. C'est le tabernacle musulman, le sanctuaire du temple, l'endroit où la terre touche au ciel. Autour du coffret, sur lequel la pieuse industrie des artistes a épuisé toutes les richesses et toutes les habiletés de l'ornementation, les dalles sont usées par le piétinement des fidèles. A côté, un escalier en bois peint mène à la chaire de l'iman ou minbar, assemblage massif et géométrique de planches ciselées et décorées qui masquent les poutres de support et le dessous des marches. Au pied de la chaire, une porte, curieusement travaillée, s'ouvre sur une nef spéciale : c'est la chapelle réservée du sultan. De là, il assistait à l'office sans être vu, comme Louis XI à la Sainte-Chapelle ou Philippe II à l'Escurial. Aujourd'hui, la loge est déserte, délaissée, triste : elle semble toujours attendre le maître, qui ne revient plus.

On voudrait assister à quelque grande fête religieuse, le jour où les nattes sont à peine suffisantes pour permettre à la foule de se prosterner, tandis que le grand mufti, en robe dorée, commente à ses ouailles un texte du Koran, que l'iman récite les prières devant le mihrab, que le taleb dit les litanies et que le khetib, suivi de l'aoun qui porte sa crosse, lance à pleine voix la prière de la khotba sous les nefs illuminées par l'embrasement des lustres.

L'intérieur de la mosquée Sidi-Obka donne une impression de piété et de beauté, de recueillement et de grandeur. Sur notre passage, le chaouch retire les nattes pour que les musulmans ne viennent pas s'agenouiller pieds nus à une place polluée par le contact de l'infidèle. Tout autour de nous, c'est un ruissellement de teintes heureusement combinées sur des fonds vivement colorés, rayés en tous sens par des lignes, des grecques, des arabesques, des versets du Koran, des traînées d'or qu'avivent comme des éclairs les rayons du soleil tamisés par les étroits vitraux du faîte. A la voûte, les quatre coupoles s'arrondissent, béantes, pareilles à des gueules de dragons formidables, qui s'abattraient, tête en avant, du ciel sur la mosquée. De fines dentelures, des ciselures à jour, des rayures vives ou pâles tapissent l'intérieur du dôme comme d'un voile léger, impalpable, qui aurait emprunté tous ses tons à l'ocre des sables, à l'azur des cieux, à la verdure des oasis, à l'or du soleil.

Des cannelures régulières découpent la voûte en tranches étroites, par lesquelles l'artiste a voulu simuler les branches des dattiers qui retombent en arceaux sur les gazelles endormies.

Dans un coin, on nous montre trois gros piliers d'onyx rouge, assez rapprochés l'un de l'autre. On les appelle poétiquement

« les piliers du paradis ». Les Arabes s'essayent à faire passer leur corps dans l'intervalle étroit qui les sépare : ils méritent l'Eden quand l'épreuve réussit. C'est leur *dignus est intrare*. Quelle habile et merveilleuse religion que celle de l'Islam! Par une pratique superstitieuse, elle enseigne à ses adeptes l'hygiène, la sobriété, l'ascétisme salutaire qui les préserve de l'obésité, le fléau monstrueux de cette race inactive.

De petits Arabes, nous voyant tenter de forcer l'entrée rigide du paradis, riaient et s'amusaient entre eux à courir sans la moindre gêne dans l'interstice des piliers implacables : symbole touchant et charmant. Les petits enfants n'ont pas encore fait assez de mal pour trouver étroites les portes du paradis !

En sortant de la mosquée, il faut traverser la cour pour pénétrer, à l'opposé, dans la tour carrée que surmonte le minaret. Les marches de l'escalier sont des pierres de provenances diverses autant que lointaines. On y lit des fragments d'inscriptions tumulaires en caractères romains ou koufiques. Çà et là, des bas-reliefs usés et écrasés par les babouches apparaissent encore. Sur un des degrés s'étale, sculpté dans le granit, le poisson symbolique des chrétiens, flanqué d'une flèche qui court le long des écailles dans le sens de la tête.

Vous montez cent trente marches, vous franchissez deux étages de terrasses superposées; vous voici à la plate-forme supérieure. Regardez : un panorama grandiose se déroule à vos pieds. En bas, le mur d'enceinte découpe nettement sur la plaine grise le carré que remplit l'agglomération des maisons. Les terrasses, les zaouias, les kasbas, les bastions, les moucharabis et les portails verts font une masse aveuglante, illuminée de soleil, d'azur, d'air brûlant, hérissée de coupoles argentées et de minarets, trouée par d'étroites ruelles au fond desquelles circulent lentement d'épais Arabes et des femmes blanches voilées de noir. Là-bas, c'est le quartier des Zlass, avec ses rues pauvres et minables, ses cahutes dont les cloisons sont faites de briques branlantes et déchaussées, sur lesquelles le ciment maladroitement plaqué s'est desséché sans adhérer. Plus loin, en dehors de l'enceinte, s'étend le réservoir de la ville. Aucune brise ne vient en rider la surface. On dirait une large plaque d'acier couchée sur le sable entre les buissons d'aloès. A l'opposé, de petites taches blanches émaillent des parterres clairsemés d'alfa et d'herbes sèches : ce sont des tombes, groupées autour d'un marabout qu'ombrage un palmier. Plus loin encore, la plaine se déroule à perte de vue avec des teintes variées d'ocre vive, de feuillages sombres, de gazons parfois verts. Les bosquets de nopals, avec leurs têtes rondes, semblent à distance une armée en marche. Et tout là-bas, à l'horizon, les montagnes du massif de Zaghouan étalent leurs pentes violettes où le brouillard est zébré par les stries étincelantes de la pluie, que traversent des rayons de soleil.

Or, en ce temps-là, Sidi Sahab était le

barbier en qui Mohammed avait mis sa confiance pour le raser, l'épiler et le tonsurer congrûment. Et Sidi Sahab éprouva combien le maniement des ciseaux promenés au-dessus et autour de la tête des grands développe l'amitié du client et favorise l'avancement de l'opérateur. Sidi Sahab est évidemment l'ancêtre de tous les barbiers barbants qui furent aussi heureux qu'habiles. Combien peuvent se réclamer de lui, depuis Olivier le Daim qui fut comte de Meulan et gouverneur de Saint-Quentin, jusqu'à l'illustre Champagne, jusqu'à l'astucieux Figaro! Et Sidi Sahab entra si avant dans l'affection et la confiance de Mohammed, qu'à la mort de ce dernier, il lui arracha trois poils de barbe et les porta enfermés dans un sachet sur sa poitrine : ils y sont encore. C'est à ces reliques sacrées qu'il dut la superbe zaouia où il repose à Kairouan.

On y pénètre par un vestibule où de petits fellahs à demi nus vous demandent une caroube, c'est-à-dire un petit sou. Le long des murs s'alignent les babouches des Arabes qui sont déjà entrés. Les cours sont entourées de cloîtres dont les voûtes sont des merveilles. Sur les murailles, des faïences, artistement décorées, figurent la grande mosquée de La Mecque avec ses koubbas dorées, ses coupoles cintrées et ses palmiers. Au fond d'une niche peinte au minium, repose un marabout dont le corps est enfermé dans un grand coffre vert et rouge, qui rappelle assez les comptoirs en plein air de nos marchandes de limonade. Devant, s'ouvre une citerne; quelques seaux sont à côté, des seaux en peau de chèvre noire, cousue, cerclée, se terminant par le bas en pointe recourbée, comme les hanaps des vieux barons allemands. Tout autour, des piliers de marbre blanc dont les chapiteaux sont dans le goût de la renaissance italienne, des corniches dans le même style figurant des cornes d'abondance qui déversent des grappes de fruits au-dessus des fenêtres, toute une série d'ornements modernes rapportés et d'additions malheureuses déparent l'ensemble de cette belle décoration.

C'est une sensation vive qu'on éprouve en pénétrant dans le caveau où s'élève le tombeau du barbier : ce n'est pas une impression lugubre. Les Arabes ne redoutent pas la mort, qui leur ouvre le paradis. Ils lui sourient ; ils égaient l'appareil funèbre des sépulcres. Ici, des vitrages plombés éclairent la salle étincelante de peintures, de marbres, de dorures, émaillée de fresques criardes, de mosaïques claires et pimpantes. Le carrelage étoilé, blanc et noir, disparaît, à peu près, sous d'épais et riches tapis d'Orient. Au plafond, des panneaux de bois délicatement fouillé dessinent entre les poutres enluminées des carrés de dentelle sombre chargée d'incrustations en nacre. Sous la coupole et sur les murs s'étale une décoration brillante, fulgurante, éblouissante. Ce sont des bandes régulières qui se superposent dans toute la hauteur de la muraille, des assemblages de carreaux en faïence bleue, des raies d'or, de vermillon ou de cobalt, des versets ciselés dans le plâtre polychrome, des cartouches dont les dessins géométriques se détachent en rouge vif sur le fond violet, puis des faïences encore et des versets, jusqu'à l'amorce des coupoles qui posent sur des encoignures bossuées comme les gâteaux de cire dans les ruches d'abeilles.

Au centre de la pièce, un treillage de bois peint en vert, semblable à celui des guinguettes aux environs de Paris, entoure et protège le tombeau du Barbier, qu'ombragent de larges drapeaux brodés aux armes du Prophète. Des offrandes pendent accrochées au treillage : des œufs d'autruche emprisonnés dans de fins filets, de simples bouts de fil noir noués autour des barreaux, ou de petits cônes en terre, — en terre de La Mecque, — dorés jusqu'au milieu de leur hauteur, et suspendus pieusement par les pèlerins qui ont été en Arabie embrasser la pierre noire de la Kaaba.

Il y a derrière la mosquée une école où se préparent les futurs cadis et imans, en apprenant par cœur, durant six ou sept années, tous les versets du Koran. C'est le séminaire de l'Islam, une sorte de Saint-Sulpice musulman. On pousse une porte épaisse. Dans un corridor bas et sombre, au-dessus d'une vasque que recouvre un léger duvet de mousse verte, une pompe est attachée à la muraille : c'est le lavabo des élèves. On entre dans une petite cour recouverte d'auvents, humide et noire. Tout autour s'ouvrent d'étroits cabanons, peu profonds, sans meubles. De ces cachots sort un murmure monotone et somnolent, le ronron désolant des élèves qui apprennent leur leçon. Ils sont là tous, chacun dans sa geôle, vêtus d'une longue robe verte, la tête rasée, accroupis sur leurs talons, près de la porte, pour voir clair. Derrière eux, on aperçoit dans la pénombre la natte sur laquelle ils dorment la nuit, la cruche d'eau, le réchaud de terre grise, quelques assiettes sales. Rien ne vient orner la navrante et obscure nudité de leurs appartements privés. Ils tiennent en main une planchette vernie en blanc sur laquelle ils ont copié, avec un bâton trempé dans l'encre, la leçon du jour. Ils la relisent sans interruption, à demi-voix, comme le prêtre qui lit l'Évangile. Ce murmure confus dans le silence de ces gros murs qui suintent, tous ces mots arabes qui s'échappent en tumulte des cabanons entr'ouverts, qui se heurtent, se répondent, s'enchevêtrent dans une rumeur uniforme; l'immobilité de ces enfants, leur impassible indifférence quand nous passons près d'eux, tout cela fait naître dans l'âme un sentiment complexe et triste de labeur difficile et absorbant, d'emprisonnement sans crime, de foi patiente et de vocation persistante à travers les rigueurs d'une éducation quasi-monacale.

Une petite salle de pierre s'ouvre là tout près : c'est la classe, un cabanon encore, mais plus grand. Les épaisses murailles s'arrondissent en voûte, des nattes couvrent le sol : les élèves s'y accroupissent. C'est là tout leur mobilier de travail. Il y a dans un coin, au bas d'un pilier à large chapiteau sculpté, une sorte de banquette en briques, recouverte d'une natte. C'est la chaire du professeur : il s'asseoit là sur ses jambes repliées. Une longue gaule d'olivier appuyée au mur reste à la portée de sa main pour châtier les disciples paresseux ou inintelligents, en les frappant sous la plante des pieds. Un anneau est scellé dans le pilier pour les attacher pendant la correction. Il est lugubre, le séminaire de l'Islam. Nous quittons, en les plaignant, ces obscurs collégiens de mosquée, ces lamentables normaliens du Koran.

Pour qui aime les mosquées, Kairouan est un lieu de délices. Il y en a partout, il y en a autant que d'églises à Bruges ou à Anvers. Voici Djama Zitouna, la mosquée de l'Olivier; voici Djama Tleta Biban, qui date du IIIe siècle de l'hégire; puis, combien encore dans la grand'rue, dans le faubourg des Zlass, sans compter les zaouias qui perpétuent les noms des grands bienfaiteurs de la race ou des plus habiles sorciers, comme Si Mohammed Elouani, ou Sidi Abd el Kader ed Djilani, qu'invoquent encore aujourd'hui les loqueteux des carrefours.

Le plus populaire de ces charlatans qui abusèrent la crédulité et captèrent la confiance de cette race superstitieuse, semble être un forgeron de ce siècle-ci, qui fut derviche et exerça sur les gens de Kairouan une influence surhumaine. Il s'appelait Sidi Amer Abbada. On lui a élevé une mosquée magnifique, à sept coupoles. Sa fille vit encore et jouit du respect des peuples. Il court sur lui un nombre considérable de légendes qui ont pris racine et se sont merveilleusement épanouies dans un milieu si favorable d'Arabes croyants et simples d'esprit. Ce sorcier, à distance, est sympathique par sa bonne humeur et sa grosse gaieté. Le bey Ahmed s'était pris pour lui d'une si vive amitié qu'il venait le voir souvent et n'avait rien à lui refuser. Ils se traitaient d'égal à égal, et se faisaient des farces comme de vieux compères. Un jour, Abbada fit don au bey d'une pipe en bois peint, qu'on voit aujourd'hui à la mosquée. Le tuyau a deux mètres de long et le fourneau a la grosseur d'un melon. Le bey lui demanda ce qu'il désirait en échange de ce cadeau singulier. Il répondit : « La même pipe en argent. » Il paraît que le bey la lui donna, mais elle n'est pas à la mosquée : c'est un bijou de famille.

Ce derviche voyait grand. Il y a dans son temple quelques menus bibelots de sa fabrication, des écrans, des sabres qui ont des proportions peu ordinaires. Les écrans sont de bois peint en vert; ils posent sur des supports qui sont des madriers de deux mètres de haut. Supports, écrans, ferrures, sont couverts d'inscriptions prophétiques. Il paraît que l'une d'elles annonçait depuis trente ans l'entrée des Français à Kairouan. M. Roustan ignorait sans doute que notre expédition a servi la réputation et la mémoire de Sidi Amer Abbada dans sa tombe.

Une autre légende conte que Abbada commanda un jour à Ahmed bey, de par le ciel, de faire des fouilles à Porto-Farina, où il n'avait jamais été, dans deux gros monticules qu'il n'avait pas vus, mais qu'il devinait à distance. Il ordonna qu'on lui apportât ce qu'on trouverait. Ahmed bey, qui obéissait aveuglément à son magique ami, fit fouiller. On trouva deux énormes ancres enfouies sous le sable. Le hasard, sinon le calcul, servait bien le sorcier. Le bey fit transporter à grands frais et à grands renforts de chameaux les deux lourdes masses de fer depuis la côte jusqu'à Kairouan. Quand les ancres furent arrivées à destination : « Laissez-les là, dit le derviche, elles serviront, car Kairouan sera un jour port de mer. » Elles sont toujours là, tristement couchées dans un enclos voisin de la mosquée; et Kairouan, ni plus ni moins que Paris, attend toujours la mer promise.

Si cette mosquée s'appelle la mosquée des Sabres, la raison en est que le derviche n'avait pas tout à fait oublié son ancien métier de forgeron, et il forgeait toujours, pour la plus grande gloire d'Allah. C'est le saint Éloi de l'Islam.

Entre autres pièces, il forgea quantité de

sabres, qu'il fabriqua selon les principes de son esthétique spéciale et grossissante, et qu'il couvrit d'inscriptions mystérieuses. Il n'en reste plus un seul. Les Anglais ont successivement acheté toute la provision. Mais on voit encore près de son tombeau cinq fourreaux qui auront paru trop lourds aux acquéreurs pour être emportés. Le fourreau donne une idée de ce qu'était la lame : on ne saurait plus exactement le comparer, pour la forme et les dimensions, qu'à nos chaufferettes de wagons de première classe. Abbada faisait accroire à ses contemporains que ces armes rares lui tombaient du ciel, comme autrefois les anciles sacrés. Les Arabes durent être fort étonnés, et rêver des gigantesques guerriers qui derrière les nues brandissaient ces armes énormes. Comme l'étonnement est le commencement de la vénération, le forgeron était donc fort vénéré.

Notre guide Mohammed nous a dit :« Oh ! il y a joli à voir ici ! Aïssouas, mangent scorpions comme ça, comme crevettes ! » Et de ses gros doigts de bon nègre, le cou tendu, le nez levé, il s'arrête un instant dans l'attitude d'un gourmet qui gobe des raisins; et il est beau à voir. Nous irons donc aux Aïssouas. Mais la séance publique ne devant avoir lieu que dans cinq ou six jours, force nous est de les commander spécialement pour nous. Car cela se pratique ainsi. Ils concilient avec une admirable sérénité le culte et le lucre, tout comme dans les autres confessions. Bien qu'ils constituent une secte religieuse et que leurs tortures soient offertes en sacrifice à Mahomet, ils ne dédaignent pas d'en faire argent, et de dire leur messe sanglante sur commande et contre facture.

Le soir, toute la ville sait que des Européens ont commandé les Aïssouas. C'est la grande nouvelle à l'hôtel, où nous ne pouvons faire autrement que d'inviter les cinq ou six habitués de la table d'hôte, le patron, la patronne et le petit mitron qui se réjouit de l'aubaine: car il est déjà élève-aïssoua;

il a la tonsure et la mèche, il mange du verre par divertissement aux heures de loisir, assis au pied d'un mur dans le corridor ou sur la rue. Le mince cristal craque sous ses dents blanches, et il rit en nous regardant : « Bon ! bon, ça ! Toi vouloir en manger? » C'est un bon élève.

La science est impitoyable aux illusions. J'ai lu depuis, dans des journaux de médecine, qu'il était aisé et presque sain d'avaler du verre, et cette nouveauté a fait baisser de quelques crans dans mon admiration le petit mitron de l'hôtellerie africaine. Le docteur Lesauvage explique longuement, dans le *Dictionnaire des Sciences médicales*, que les mangeurs de verre sont légion, et se portent comme vous et moi. Lui-même fit l'expérience de cet aliment coriace, non sans avoir, avec une pusillanimité blâmable, expérimenté le régime sur des chiens, des chats, des rats. Ceux-ci supportèrent à merveille le traitement. Leur père nourricier les ouvrit en deux pour suivre le passage du verre pilé à travers leurs petits canaux internes : il n'y vit aucune lésion, et se détermina sur-le-champ à absorber la même nourriture, « en présence de M. Cayal, du professeur Lallemand et de quelques autres. » L'histoire dit même qu'il finit par s'habituer à ce menu, et qu'on l'eût désobligé en le privant de verre. Robert Houdin lui-même, en 1858, avalait des boulettes de viande et de verre pilé, devant témoins, et il s'en explique très franchement dans ses *Confidences*. Les registres de l'hôpital de Saint-Mandrier, à Toulon, signalent, en 1856, un garçon infirmier qui, pour deux ou trois sous, mangeait un verre de montre en le croquant. Décidément, le petit Arabe n'a plus autant de mérite, et son occupation était bien banale!

Il fait nuit. Neuf heures viennent de sonner. Nous sortons de l'hôtel avec nos récents amis de table, et notre petite caravane se dirige vers la zaouia dans laquelle va se passer la cérémonie.

A droite du chemin, la haute muraille crénelée de l'enceinte flanquée de tours se détache comme une grande nappe d'ocre vive sur l'azur sombre du ciel. A gauche, ce sont des maisons basses et suspectes, sans fenêtres, communiquant avec la rue, comme des remises à charrettes, par une large porte en bois blanc dont les battants restent ouverts pour laisser entrer un peu d'air dans ces bouges sordides. A travers l'entre-bâillement d'un rideau rouge, on aperçoit, à la lueur d'une chandelle, des bouteilles à demi vidées sur une table bancale, et, dans un coin, une paillasse trouée. Des femmes sales, en jupon court, sans corsets ni corsages, les cheveux collés à plat sur le front, un lacet rouge autour du cou, jouent aux cartes sur le pas des portes. A côté de ces bouges à soldats, on aperçoit quelques femmes kabyles au seuil de maisons mystérieusement closes. Séduisantes, elles ne le sont pas, ces hétaïres de faubourg. Elles semblent prendre à tâche d'enlaidir leur laideur par des ornements et des coquetteries qui déconcertent notre esthétique. Ces femmes épaisses, massives, obèses, ces mastodontes gélatineux aux attaches puissantes comme des gonds, vêtues d'oripeaux comme des reines de tragédie, drapées dans d'étranges péplums rouges et dorés, la chevelure savamment huilée et piquée d'aigrettes brillantes, le visage sillonné de dessins, de fleurettes, d'arabesques en vert foncé sur le fond brun de l'épiderme luisant, ces créatures bizarrement attifées ne rappellent en rien les délicieuses houris dont notre imagination peuple les harems de marbre blanc.

Sur la route, de temps en temps, un chamelier tardif passe. Son chameau balance son long cou en pressant le pas sur le sol battu, où ses sabots ne font aucun bruit. Au loin, les derniers appels du muezzin se sont tus, le clairon des casernes a sonné la retraite. On n'entend plus que le lointain hennissement d'un chameau qui rentre. Un liséré d'or borde encore l'horizon tout là-bas au-dessus des citernes. La ville s'endort;

c'est l'heure mélancolique et le décor silencieux qui conviennent aux cérémonies effrayantes.

Nous voici devant la zaouia, dont la façade blanche et étroite supporte le minaret crénelé. Nous entrons, légèrement impressionnés, surtout après les récits horrifiques de notre hôtesse, une petite Marseillaise brune et vive, qui nous assure les avoir vus souvent s'ouvrir le ventre en deux d'un coup de sabre : le sang giclait, et les entrailles coulaient à terre. Heureusement pour nous, elle est de Marseille.

On a beau avoir déjà vu les Aïssouas à Paris pendant l'Exposition universelle de 1889, on est cependant assez mal préparé à ce spectacle. Ici, ce n'est plus l'exhibition d'un café chantant devant un public de Parisiens, de provinciaux, d'Européens qui se sentent unis par leurs coutumes, leurs idées ou leur poltronnerie. A Paris, on sait qu'il ne se commettra pas plus d'horreurs qu'il n'en faut pour chatouiller notre sensibilité sans inquiéter la sollicitude de la police, qu'un accident fermerait à la fois le concert tunisien et la source de ses revenus, que le gouvernement est tenu, dans la mesure du possible, de rendre à la Tunisie autant d'Arabes qu'il en a reçus. Sur l'esplanade des Invalides, c'étaient les Aïssouas qui étaient la curiosité : à Kairouan, c'est nous, et nous en avons la sensation gênante. Ils sont chez eux. A peine entrés dans l'état extatique qu'ils provoquent, ils nous oublient, ils ne nous voient plus. Ils ont la conviction, la foi. Si le chef se fait payer, on sent que ses subalternes, qui sont les pratiquants, les officiants actifs, ne font pas métier de ce jeu cruel. Presque tous apportent ici les sincérités désintéressées du martyre volontaire. Ils se torturent non pour notre plaisir, mais pour leur salut. Ils ont l'avidité aveugle de la souffrance.

On traverse d'abord un étroit vestibule pavé de pierres plates, barré dans toute sa largeur par une petite balustrade à claire-voie, haute à peine d'un pied, destinée à faire trébucher l'Arabe étourdi ou distrait qui oublierait d'y laisser ses babouches. On se trouve alors dans une cour découverte. Au-dessus des quatre murailles grises, un pan de ciel semble tendre un dais de velours sombre constellé de clous d'or.

Mais nous voici dans le sanctuaire. C'est une salle assez spacieuse. Le plafond en dôme est soutenu par un double rang de piliers, dont les chapiteaux très artistiques proviennent d'un temple romain. Les ruines romaines sont les carrières de pierres des entrepreneurs arabes. Ces piliers ont autrefois vu célébrer le culte de Jupiter et de Minerve. Devant eux a brûlé l'encens qui montait vers l'Olympe antique. Devant eux aujourd'hui brûle le réchaud au-dessus duquel les Aïssouas s'hypnotisent pour la plus grande gloire d'Allah. Si, comme tout porte à le croire, les choses ont une âme, qu'elles doivent trouver mesquine notre pauvre humanité avec ses variations, ses religions qui se succèdent et se chassent, ses vaines recherches vers le secret insaisissable du monde, sa foi si diversement orientée selon les époques. Les choses seules échappent à cette mobilité inquiète qui nous tourmente. Elles nous dominent et nous écrasent de leur placide et puissante immobilité.

Au fond de la salle, un banc en maçonnerie est adossé au mur. Une mince natte le recouvre. C'est la place d'honneur qui nous attend, auprès du grand chef, le mokkadem. A gauche, un treillage de bois, aux mailles serrées, ferme la loge des femmes invisibles et voilées, qui viennent par une entrée dérobée s'associer pieusement à la cérémonie.

Du centre de la coupole pend un lustre de cristal jauni auquel sont accrochés des verres pleins d'huile où brûlent des veilleuses. Çà et là pendent à des fils de fer des lanternes qui rappellent celles de nos petites gares de banlieue. L'éclairage est complété par deux cercles de tôle descendant du plafond, et sur le rebord desquels des chandelles sont fichées dans des godets. Entre ces luminaires variés brillent des boules de verre bleu ou argenté, telles qu'on en voit dans nos fêtes foraines.

Des versets du Koran sont encadrés sur les murs. Dans un coin, de grosses branches de cactus fraîchement arrachées sont entassées, toutes prêtes pour les exercices.

Entre les piliers, au centre, les frères sont accroupis sur une large natte autour d'un brasero. Plusieurs tiennent en main des tambourins, des plaques de cuivre. Derrière eux, le long du mur opposé au nôtre, s'allonge une file d'une trentaine d'Aïssouas. sur une rangée, debout, bras ballants ou croisés, attendant le signal. Tous sont très jeunes, vêtus simplement du large pantalon flottant, du gilet jaune sans manches, lacé par derrière, et de la veste grise ou bleue, à courtes manches ornées de grelots d'argent Ils sont nu-tête, nu-pieds, nu-jambes. Ils ont la tonsure des marabouts, qui, au contraire de celle de nos prêtres, rase et dégage le tour de la tête pour laisser au sommet de la nuque une épaisse et longue queue chevelue : c'est par là qu'à leur mort les anges les saisiront pour les enlever jusqu'au paradis.

Accroupi auprès de nous sur le banc de pierre, le mokkadem, chef religieux de la secte, se tient immobile. C'est un beau vieillard, drapé dans son burnous, coiffé du turban, la figure régulière et pensive. Sa barbe et sa moustache blanches le font ressembler au Christ, un Christ devenu vieux. Le regard éteint et résigné s'allume par instants d'une flamme qui brille et fait tressaillir le groupe sensible des jeunes Aïssouas. Sa puissance et son prestige sont une simple affaire d'hypnotisme. Il a deux aides, deux vicaires, si j'ose dire ; un vieux à l'air malin, à l'œil clignotant, et un jeune à la figure ronde, poupine, à la barbe noire et courte, à l'air inoffensif malgré ses attributions peu tendres, qu'on va voir.

Mais déjà la cérémonie commence. Les frères accroupis sur la natte du milieu ont entonné les lentes et douces prières dont la monotonie éteinte berce délicieusement l'âme. C'est une mélopée traînante, engourdie, qu'anime par intervalles le retour régulier d'une note stridente. On dirait les premiers efforts d'un monstre endormi qui se réveille en se soulevant à plusieurs reprises. C'est une musique pleine de calme, assoupie, somnolente, avec déjà quelques accents qui annoncent l'agitation prochaine. Bientôt les tambourins résonnent, les chanteurs frappent dans leurs mains, le mouvement devient moins lent, puis peu à peu s'accélère. A présent, à la mélopée traînante du début a succédé une musique folle, bruyante, endiablée, épileptique; les battements de mains font un roulement continu que traverse de temps en temps, comme un éclat de tonnerre, le son vibrant du tambourin frappé à coups redoublés par des poings solides. La voix des chanteurs se fait aiguë, perçante, atteint aux vibrations les plus rapides, pour se changer tout à coup en cris sauvages. Alors, du fond de leur loge fermée, les femmes en prière se mêlent au concert.

Leurs « iou! iou! » plaintifs et stridents déchirent l'air. D'entendre ce vacarme, ces sonorités inaccoutumées et suraiguës, ces détonations de tambourins rudement frap-

pés, dans l'enlacement irrésistible de la
mélopée, dans cet air agité de vibrations
trop violentes, le visiteur profane se sent
mal à l'aise, légèrement étourdi, comme
s'il subissait lui aussi l'influence hypnotisante de cette atmosphère ébranlée.

Cependant, dès les premiers murmures,
les frères, rangés en ligne le long du mur,
se sont serrés l'un contre l'autre, instinctivement, convulsivement, les bras
collés au corps, la main sur la main du
voisin. Leurs yeux vagues fixent les lumières
ou les yeux du mokkadem, tandis que son
second modère ou anime les chants et conduit toute la manœuvre. Par ses gestes, et
en se balançant lui-même au-devant de ses
hommes, il imprime à toute la colonne un
balancement régulier et énervant. Toute la
muraille humaine s'ébranle et titube dans
un mouvement lourd de va et vient. On dirait une houle. A droite, puis à gauche, les
têtes se penchent, et les corps suivent. Il
semble par moments que toute la rangée va
tomber du même côté, comme des soldats

de plomb. Mais aussitôt ils se redressent
et vont à l'autre extrême avec la précision
d'un pendule. Bientôt l'oscillation se complique d'un gémissement rauque et pénible
qui en scande les allées et venues. C'est
un han douloureux de bête lasse, dont la
longue monotonie achève les dernières résistances au sommeil. Les corps fléchissent
sur les genoux; les inclinaisons augmentent;
la muraille fantastique rapetisse, puis
grandit, puis salue, inconsciente déjà, effrayante, avec une régularité automatique.
Les fronts sont couverts de sueur, les pupilles se dilatent, les globes des yeux trouent
d'une tache blanche démesurée les visages
bronzés et abêtis; les lèvres pendent sans
force; la masse entière s'endort.

Spontanément, quelques-unes se détachent
alors de la rangée. Les uns après les autres,
ils accourent, l'œil hagard et terne, devant
leur chef dont ils baisent le turban. Dans
leurs gestes fiévreux et épileptiques, ils nous
frôlent, et nous ne sommes qu'à demi rassurés quand les sabres et les piques tour-

noient au-dessus de nos têtes. Ils se vautrent
à terre, balaient le sol avec leur chevelure,
frappent du front le carreau avec des glous-
sements de fauves, pendant que les tamtams sonores les entretiennent en état per-
manent de catalepsie. Avec une âpreté
entêtée, une avidité exaspérée, un besoin irrésistible de souffrances et de supplices, des
désirs furieux de douleurs atroces à offrir
au Très-Haut, ils se précipitent sur les
piques dont ils se transpercent, sur les
sabres dont ils se frappent. En voici un
grand brun qui tombe devant moi. Les
yeux fermés, la tête renversée, la bouche à
demi ouverte, la langue pendante, il solli-
cite du prêtre à tête ronde la faveur de
quelques clous à avaler. Ce sont des pointes
longues de six ou sept centimètres, de vrais
clous de charpentier. Après une invocation
à Allah, le prêtre dépose l'hostie de fer sur
la langue de l'élu; on entend un grognement sourd de douleur, et le clou disparaît
dans l'œsophage suivi d'un second, bientôt
d'un troisième... Où vont-ils? Qu'en fait-il?

Chi lo sa? Comme l'officiant a les bras nus, et le communiant le torse dévêtu, toute idée de supercherie doit être écartée.

Tout d'abord, les martyrs volontaires ne sortaient du rang que timidement, par petits groupes. A présent, la fièvre de l'exemple et la contagion de la mutilation sévissent avec fureur. Nous nous trouvons cernés par un cercle de forcenés qui hurlent, se roulent, arrachent leurs vêtements, bondissent sur le sol, accroupis comme d'énormes crapauds, les yeux injectés de rouge, les lèvres bavantes, inconscients, vigoureux de toute l'énergie de leur système nerveux exaspéré et distendu. Les uns s'enfoncent dans les joues, sous les yeux, dans les épaules, dans l'aine ou dans la gorge de longues piques terminées par une grosse boule de bois formant poignée, garnie de chaînettes pendantes. Ils s'introduisent la pique sous la peau en lui imprimant un mouvement de rotation si rapide que les chaînettes se tendent et forment une sorte d'auréole tournante à l'extrémité de la tige. Après que l'arme a suffisamment pénétré sous la chair pour tenir droite toute seule, le patient se tourne vers un des aides. Celui-ci est armé d'un bâton; il frappe à coups redoublés et à toute volée sur la boule de bois en offrant chaque épreuve à Allah dans un bout de prière vociférée à voix pleine.

Lorsqu'on retire la pique, il reste un trou dans la peau, qui ne saigne pas, comme sur le bras d'une hystérique qu'on a traversé d'un poignard. A la sauvagerie près, il y a quelque analogie entre ces séances et celles de nos hôpitaux. Les mokkadems exercent sur leurs prosélytes un pouvoir fascinateur et magnétique.

Cet autre, armé d'un long sabre, se frappe à coups redoublés du fil de l'épée, se couche en travers de la lame, et quelquefois la peau éraflée ou crevée laisse suinter un mince filet de sang que délaie la sueur abondante. On apporte les cactus, qu'on leur jette en pâture comme des quartiers de viande à des fauves. Il faut n'avoir jamais songé à la sensation que produirait sur l'épiglotte un cent d'aiguilles, pour ne pas comprendre l'impression désagréable que doivent donner aux Aïssouas les raquettes hirsutes qu'ils dévorent à belles dents. Chaque épine a précisément la longueur et l'aspect des aiguilles d'acier de nos couturières, et chaque raquette en supporte une cinquantaine. Par quel miracle ces pointes rigides ploient-elles et se brisent-elles contre leurs mâchoires insensibles ? C'est ce que la pathologie pourra seule élucider. Mais à l'avidité avec laquelle ils se précipitent sur ces feuilles épineuses, il paraît évident qu'on leur a suggéré qu'ils mangeaient des gâteaux de miel dans un harem de houris. D'ailleurs, à part les pointes, la feuille n'est pas autrement désagréable au goût. Nous en avons goûté que nous avons fait éplucher, et nous leur trouvions un goût vague de concombre. Les pointes en sont apparemment pour eux la sauce piquante.

Cependant, chacun de son côté est occupé à sa besogne lugubre, autour du gros Arabe joufflu qui se multiplie, décerne à celui-ci des clous à avaler, du verre à mastiquer, des fers rouges à piétiner, à celui-là quelques coups de bâtons sur la pique qui lui traverse la gorge ou les reins, à cet autre des scorpions qu'il lui présente en les prenant par la patte comme de gros hannetons : l'horrible bête se tortille, joue des pattes, se recroqueville, puis se détend brusquement dans l'horreur du gouffre tiède qu'ouvre sous elle le gosier du jeune Arabe agenouillé.

En vérité, il arrive bientôt qu'on perd la notion du temps et des choses ; on ne sait plus où l'on est, dans ce milieu étrange de forcenés, sous la pâle lueur des veilleuses et du réchaud de terre où brûlent des poudres inconnues, dans le vacarme assourdissant des tamtams, dans la monotonie lente et énervante des prières sourdement modulées, au milieu des cris aigus que font les femmes à demi pâmées derrière la grille. Le monde extérieur s'effondre, disparaît ; on ne pense plus à rien, ni à personne, on oublie le reste des hommes, on subit pour une part le charme de ces maléfices, et il faut secouer la torpeur dont on se sent invinciblement engourdir. On n'aperçoit plus que de vagues silhouettes, des corps nus qui roulent et se vautrent, des burnous blancs qui voltigent, des épaules, des figures, des aines d'où sortent de tous côtés, comme d'une pelote, de longues tiges de fer ; des Arabes accroupis qui se condamnent à demeurer immobiles et la poitrine nue au-dessus d'un brasier.

Enfin, les aides saisissent l'un après l'autre ces épileptiques, les traînent et les jettent tout pantelants aux pieds du mokkadem. Celui-ci se penche sur eux. Le patient brusquement réveillé retombe épuisé, se revêt péniblement, et disparaît en se traînant, en épongeant la sueur qui l'inonde.

Il y avait deux heures que nous étions entrés, quand nous repassâmes dans la cour au-dessus de laquelle le ciel étincelait d'étoiles. Nous voici dehors. Nous marchons quelque temps silencieux. Sur le chemin, pas une âme ; rien que le ciel immense et constellé, la haute muraille du rempart, et les ombres irrégulières des cases sur le sol gris. L'air est pur et tiède, et nous semble plus pur encore au sortir de cette séance ténébreuse. Voltaire a tenté de comprendre et de faire comprendre le fanatisme musulman quand il a créé le personnage de Séide dans son *Mahomet*. Que la peinture est grise et terne auprès des tableaux qu'offre, chez elle, la race musulmane! Les guerres de l'Islam, le caractère mahométan, cette civilisation fermée, inhospitalière aux étrangers, rebelle aux conquérants, cette piété implacable, le culte jaloux des mosquées, les villes murées, isolées derrière une infranchissable enceinte, tant de guerres sanglantes, où leur inflexible courage était fait de fanatisme et du mépris de la vie; cette grande puissance enfin, qui rendit un instant les Arabes maîtres du monde, à l'ombre du drapeau vert : tout cela s'éclaire d'un jour nouveau et intense quand on les a vus se livrer d'eux-mêmes, pour la gloire de leur dieu, à des mortifications auprès desquelles celles de nos ordres religieux les plus austères sont de simples jeux.

Néanmoins, il convient d'observer que les pratiques des Aïssouas retardent, pour ainsi dire, dans le mouvement général qui entraîne et qui modernise aujourd'hui l'Islamisme africain, sous l'influence du senoussisme. On appelle ainsi le dernier avatar de la religion musulmane, rajeunie et refondue en ce siècle par Mohammed ben Ali el Senoussi, élève du chérif marocain Si Ahmed ben Idriss. Il y a aujourd'hui dans le désert, à vingt jours de marche de la côte, à Djerboub, un centre religieux, une sorte de capitale d'un État théocratique qui s'étend de la Cyrénaïque au pays des Touaregs. Ce foyer rayonne dans tous les sens pour faire pénétrer partout la religion nouvelle, pareille à celle des Ouahabites d'Asie, qui est un retour à l'austérité, au respect intégral de la loi, de la tradition orthodoxe, la « Charcha » et la « Sounna ». Depuis le Prophète, les compétitions d'intérêts et de personnes avaient modifié le dogme dans le sens de la diffusion du pouvoir divin, de l'inauguration des saints, de l'apparition de sectes, confréries, associations groupées autour de chefs qui devinrent autant de succédanés au premier envoyé de Dieu.

Senoussi prit pour devise : « Turcs et chrétiens, je les briserai d'un seul coup ». Il fonda l'Imamat de Djerboub, d'où part aujourd'hui la parole sainte qui doit ranimer l'islamisme tiédissant. On y arrête, on y héberge les caravanes qui passent; on les charge de colporter au loin la bonne parole. Cette oasis est à la religion nouvelle ce qu'était la Kaaba pour l'ancienne. Senoussi, ne pouvant songer à supprimer tous les ordres, et rêvant cependant de revenir à la grande et simple conception du Prophète, a tenté de les rassembler tous dans une vaste synthèse qui rendrait à l'islamisme son unité première en soudant ses morcellements. Il admit dans cet immense syndicat religieux les sectes les plus diverses, y compris les Moulaouiya avec leurs danses, les Refaiya avec leurs vociférations, les Kadriya avec leurs soubresauts convulsifs : il proscrivit et condamna les exercices hystériques des Aïssouas, qu'il est donc permis de considérer à la fois comme des retardataires vis-à-vis des transformations modernes de l'islamisme, et comme des réfractaires aux tendances unitaires qui décideront le retour au dogme dans sa pureté première, au milieu de la renaissance possible de la religion musulmane, rajeunie par une réforme rétrograde.

Kairouan n'est pas seulement la ville sainte, elle est encore le marché de la région. Elle est le point d'attache qui réunit, par son trafic vers Soussa, l'intérieur du pays à la mer. En vérité, ce trafic est bien lent et les communications sont difficiles. Un petit tramway traîné par des chevaux, — la locomotive n'ayant pu fonctionner, — relie la ville à la côte; mais ses départs sont trop rares et ses plates-formes sont trop exiguës pour être de quelque utilité au commerce. Restent les caravanes de chameaux, qui n'avancent guère. Toute cette contrée attend avec impatience un chemin de fer de pénétration pour exporter ses produits et encourager la production quand les moyens d'écoulement seront assurés. Jusqu'à présent, Kairouan est demeuré un des grands marchés arabes du centre, mais les européens y font peu d'affaires. Quelques cabaretiers, quelques échoppes aux enseignes pompeuses, Horlogerie nationale, Cordonnerie civile et militaire, quelques étalages où les soldats achètent pour leur dulcinée des peignes en celluloïd et des épingles en clinquant, une modeste auberge où les autorités célibataires prennent pension et jouent au billard : voilà les seuls endroits où les gaudissarts du commerce français ont chance d'alléger leurs grandes malles noires.

Le marché arabe se tient sur la grand'-place. On dirait une grande cour de ferme. Sur le sol poussiéreux sont couchés des troupeaux de chameaux, d'ânes, de chèvres, de béliers. Tout autour, les souks étalent leurs denrées, piments ou dattes, en grappes ou en balles éventrées, poteries jaunes, grenades, nattes d'aloès, cordes en poils de chèvre que les cordiers confectionnent sur place, en étirant les longues tresses entre des poteaux garnis d'un disque de bois hérissé de chevilles. Le milieu de la rue est ainsi encombré par toutes les industries en plein air et les petits métiers nomades. Celui-ci fait fondre sur des tisons dans un chaudron noir le goudron dont on badigeonne les chameaux pour les préserver de la gale. Il en remplit des peaux cousues qui s'enflent et durcissent, les pattes ballantes, pareilles à une chèvre décapitée, couchée sur le flanc. Ici, un maréchal ferre un cheval, que n'emprisonne aucun travail. La bête est simplement arrêtée sur le bord de la route. Un gamin lui tortille une oreille dans une tenaille, et comme à chaque mouvement le cheval souffre, il prend le parti de ne plus bouger. Quand l'opération est terminée, il a gagné un fer neuf et une leçon de philosophie.

J'aimais ouvrir ma fenêtre le matin de bonne heure, et rester accoudé à regarder les petites scènes de la rue. Là-bas, un Arabe fait sortir de l'écurie sa jument blanche, élégante, fringante, nerveuse, dont la queue balaie le sol. Tout à l'heure, cheval et cavalier vont fendre l'air à travers la plaine, un long fusil en bandoulière barrant le burnous que soulève le vent. A côté, un tisserand travaille à son métier pareil à une large harpe. Devant la porte, un Kabyle immobile, sculptural, regarde vaguement devant lui, oisif, plongé dans on ne sait quelle rêverie qui ne s'achève jamais. Des poules picorent au milieu du chemin qu'un cantonnier indigène balaie; je veux dire qu'il réunit avec ses mains les ordures et les immondices, et il les jette dans une boîte qu'il promène avec lui. Devant les cases, au pied des murailles déjà brûlantes, d'autres Arabes méditent ou sont occupés à humer une tasse minuscule de café. Évidemment ces gens, par un sage calcul, ont fait deux parts de leur temps; ils emploient l'une à dormir et l'autre à ne rien faire. Ils passent les journées dans une béate et oisive contemplation. C'est un problème de savoir de quoi ils vivent. Il paraît qu'avec une mince récolte de blé et de maïs, ils ont trois années de pain et de couscouss assurées. Ils travaillent donc un an sur quatre. Comme le Schaunard de la *Vie de Bohème*, ils ont « des années » où ils ne sont pas « en train ».

A l'angle de la rue, des burnous sèchent sur une corde. Au loin, le clairon de l'infanterie sonne sur le champ de manœuvres où les Arabes suivent avec intérêt les mêmes évolutions et les mêmes exercices qui captivent à la même heure sur l'esplanade des Invalides les badauds matinaux, les petits pâtissiers et les jeunes télégraphistes. A la porte de l'hôtel nos chameaux nous attendent, sellés d'une simple natte tendue sur leur bosse, pour nous mener ou plutôt nous cahoter jusqu'à la première étape.

Au moment où nous sortons, des rumeurs éclatent dans la rue voisine : c'est un enterrement qui passe. Le cadavre, enroulé d'un drap vert, repose à même sur une civière à longs pieds portée par les épaules de quatre Arabes. En tête du cortège, des pleureurs à gages poussent des hurlements et simulent un profond désespoir. Leur douleur est fort bruyante. Ce sont des pleurs de première qualité; la famille doit être riche. Les parents et les amis entourent le corps, calmes, impassibles, dignes dans leur tristesse concentrée qui s'est déchargée sur les gagistes du soin de s'exprimer avec sonorité.

L'immobilité des traits du visage et l'harmonieuse lenteur des mouvements constituent pour les Arabes la distinction suprême et le principe de la beauté virile. Ils ne dansent pas, ils font danser; ils ne pleurent pas, ils font pleurer. Ils ont horreur de tous les exercices comme de toutes les émotions qui peuvent déranger les lignes et fatiguer les muscles. Derrière la civière suit le cortège des invités qui psalmodient d'une voix grave et lente la prière des morts. Pas un n'y manque : il y a un dîner après la cérémonie.

En partant, nous avons assisté sur la

grand'place à une scène qui m'est restée présente. Un vieil Arabe fort crasseux, jambes et pieds nus, vêtu d'une blouse mal serrée aux reins par une cordelière, le turban en tête, la barbe courte et grise, s'arrête au milieu d'un espace découvert, et frappe longtemps sur une sorte de tambourin, fait de peau racornie sans monture de bois ni coutures apparentes. Sous son bras il porte et il serre contre lui une grosse cornemuse à tuyau plat en cuivre. A son appel les dormeurs se dérangent lentement, et viennent en se balançant former le cercle, les uns assis sur leurs talons, les autres debout, tous attentifs et immobiles sous leur fez rouge, dans lequel ils ont piqué une branche de henné ou un œillet qui pend sur leur oreille. Nous nous approchons. Nos vestons de voyage détonent dans ce milieu oriental. Nous faisons disparate. Cependant le mendiant a cessé les appels sonores de son tamtam; il a étendu à ses pieds son pauvre burnous en lambeaux, pour y recevoir les menues monnaies que son talent lui vaudra; il jette le tambourin à terre, et prélude sur la cornemuse.

C'est un spectacle bien étrange, et d'un autre âge. Seul, au milieu de son auditoire silencieux et recueilli, le barde — car c'en est un — se livre à son inspiration et récite un poème. Chaque phrase, on peut dire chaque strophe, est suivie et soulignée par quelques notes d'une phrase mélodique qui se prolonge sous le récit et alterne avec lui. La voix du conteur et le chant de la cornemuse se font successivement entendre, tour à tour interrompus, et reprenant tour à tour. C'est un entrecroisement serré, un enlacement rythmé de la poésie et de la musique.

Le vieux barde, presque aveugle, débute par une invocation à la divinité, par des lamentations sur son existence misérable et errante. C'est une mélopée lente et triste, qu'interrompent par intervalles réguliers les gémissements de son instrument. Il récite alors un des poèmes de son répertoire. Notre interprète nous le traduit au fur et à mesure. C'est l'éternelle histoire d'amour que toutes les littératures ont chantée, l'histoire d'Hagbart et de Syène, d'Antigone et de Hémon, de Juliette et de Roméo. C'est un beau jeune homme Arabe que des haines de famille écartent de sa bien-aimée. Il monte sur sa rapide jument noire, et la lance au grand galop droit vers un précipice au fond duquel il trouve la mort. La mort console l'amour.

Au milieu de cette place qu'inonde le soleil, sous ce ciel bleu qu'on prendrait pour celui de la Troade ou de l'île de Cos, devant ce poète nomade, on se croirait revenu aux époques lointaines des vieux aèdes chantant parmi les villages et s'accompagnant d'une lyre faite d'une écaille de tortue. Tandis que continue la monotone mélopée, de vagues visions se forment dans l'esprit. Ainsi devait chanter Homère, vieux et aveugle, tout vêtu de blanc, pareil à cet aède arabe, en pressant de son bras sa lyre sur sa poitrine, comme celui-ci sa cornemuse, et charmant de ses récits guerriers ou pacifiques les antiques Hellènes groupés en cercle sur la grand'place. Ainsi devait-il vivre, errant de tribus en tribus, et récoltant dans son manteau de maigres salaires en échange des vers sublimes et de l'ardente poésie qui s'échappaient de son cœur par ses lèvres tremblantes d'émotion, d'enthousiasme divin et de vieillesse.

Chacun envoyait son aumône dans le burnous du chanteur africain. Cette pluie de caroubes dut le réjouir : c'était pourtant un spectacle attristant. Ces piécettes arrachées à la pitié de l'auditoire semblaient éclabousser cette poésie populaire, et humilier ce poète errant, image et souvenir des rhapsodes d'antan. En lui lançant notre offrande, il nous semblait que nous jetions des gros sous à Homère.'

Combien ils sont curieux et innombrables, ces contes populaires qui constituent toute une littérature orale, et que les chanteurs colportent de douars en gourbis, à la suite des chameliers qui transportent les olives et les pastèques. Je m'en suis fait raconter beaucoup, et comme La Fontaine à *Peau d'Ane*, j'y ai pris un plaisir extrême.

Ils rendent un son tellement étrange, tellement inaccoutumé pour nos oreilles habituées aux romans qui sont des études sociales, aux rimes qui sont des cliquetis de mots! C'est une saveur exquise et originale, comme serait celle d'un fruit exotique et inconnu. Les Arabes ne savent pas les règles d'Aristote, et l'art de la composition semble leur être inconnu ou indifférent. Les récits n'ont ni queue ni tête, et ils captivent cependant. Il faut pour les entendre sortir de nos habitudes et de nos conventions, dont nous avons fait des règles, et nous persuader que notre forme d'art n'est pas la seule, que d'autres peuvent coexister auprès d'elle.

Il est remarquable, au demeurant, de retrouver là, racontés à la mode arabe, des épisodes qui ressemblent beaucoup à ceux que nous connaissons et que nous racontons : souvent ce sont les mêmes, surtout quand il s'agit de ceux qui émanent d'une source commune, qui viennent, par exemple, de la Palestine. Nous reconnaissons dans ces contes nos héros de l'histoire sainte. David et Goliath semblent être proches cousins de cet enfant qui lutte contre le gros ogre. L'enfant frappe de son poignard ; l'ogre secoue la tête, et celle-ci se sépare en deux moitiés qui tombent à droite et à gauche. Ève pourrait bien être la tante de cette femme à qui son mari ne donna qu'une demi-pomme, et qui mit au monde une moitié d'enfant : ces fruits-là ont bien l'air d'avoir été cueillis au même verger. Les visites bienfaisantes du Prophète dans les cabanes et dans les places publiques ou « thajemâths » rappellent les bonnes actions que l'on rapporte du Christ, et que M. Coppée a mises en vers. Si l'on ne retrouvait pas ici le petit Poucet, il faudrait beaucoup s'étonner, puisqu'on le rencontre partout ; Paulin Paris a montré qu'aucune religion, aucune mythologie, aucune astronomie ne s'est passée de lui. Mais si vous songez à la mythologie païenne, l'hydre de Lerne vous apparaîtra derrière ce serpent, gardien de la fontaine, et dont Moh'ammed fait bondir au loin sous son cimeterre les sept têtes. Quant à nos fabliaux du moyen âge, ils sont les effrontés pillards de ces anciennes légendes ; et si vous voulez savoir où Agnelet apprit son ingénieuse bêtise, écoutez ce marché conclu entre l'idiot et le coucou, qui vient de lui acheter un bouc. — « Donne-moi de l'argent. — Coucou ! — Donne-moi de l'argent. — Coucou ! — C'est bien ; je te fais crédit jusqu'à vendredi. » Le vendredi ce fut même chanson : Pathelin l'avait déjà entendue, avec d'autres notes.

Beaucoup de ces sujets, dans la littérature arabe et dans la nôtre, ont une communauté d'origine ; c'est tout ce qu'ils ont de commun, et rien n'est plus dissemblable que les récits où ils sont mis en œuvre. Il y a de grosses divergences d'esthétique.

La plupart des contes arabes ont un commencement ; presque tous ont une fin ; entre ces deux extrémités, c'est le chaos et l'incohérence dans toute leur ingénuité. Quelquefois, pourtant, il y a une tentative de plan, un semblant de cadre, qui est destiné à contenir l'action entre des limites inflexibles et prévues. Ce plan n'est jamais bien savant. Par exemple, le fils du roi part en voyage avec trois manteaux et trois burnous. Il rencontre une ogresse qui le protège et se fait payer chaque service par l'offre d'un vêtement. — Comme le pupille en a six, l'action se prolonge jusqu'à la consommation des burnous et des manteaux, ce qui fournit six péripéties ou six actes aux aventures du voyageur. Pour qu'il y en eût davantage, il ne tenait qu'au roi de donner à son fils une garde-robe mieux garnie. Le plan, quand il existe, n'est jamais plus solide, non plus que les colliers de verroteries enfilées sur une fibre d'écorce.

Pour l'ordinaire, les péripéties s'égrènent comme un chapelet qui se brise. Avec une mobilité d'enfant, le conteur rapproche brusquement, sans transition, des épisodes indépendants; et cette brusquerie communique au récit une animation un peu violente, faite de heurts et de soubresauts. Il saute par à-coups d'une péripétie à une autre; le développement semble tout d'abord incohérent; mais ce procédé est fertile en effets de surprise, qui soutiennent et raniment l'attention des auditeurs; c'est la forme qui convient à une littérature verbale.

Bien mieux que la littérature écrite, elle dénonce l'esprit et les mœurs d'un peuple. L'art ni les réticences ne viennent altérer la naïve sincérité de la peinture. La prédilection pour certains sujets souvent traités est déjà un indice, et il apparaît que chez les populations berbères et kabyles, le vol, le mensonge, la cupidité, la cruauté sont les traits communs de la race. Ils prennent un plaisir tout particulier aux récits de ruses et de duperies; les personnages de leurs contes se partagent, comme l'humanité elle-même, en malins et en naïfs, avec cette particularité, bien propre à ce peuple enfant, que les naïfs sont d'une crédulité niaise, et que les ruses ne sont pas toujours fort savantes.

Des soldats gardent un cadavre. Arrive le frère de la victime, qui se mêle à eux sans se faire connaître. « Comment est fait Azrain, l'ange de la mort? » demandèrent quelques soldats. Les autres expliquent qu'il est habillé de blanc, ses dents sont semblables à celles d'un peigne, son visage est noir comme suie; il porte un gros bâton. L'inconnu, qui les écoutait, avait un gourdin à la main : il se met à frapper de droite et de gauche, les soldats s'enfuient, le frère emporte le cadavre, et l'on raconte au roi qu'Azrain, l'ange funèbre, est descendu chercher le mort. Le roi fut moins naïf; il fit décapiter deux cents de ses gardes pour leur apprendre à mieux veiller.

Ailleurs, un méchant oncle pend son neveu à un arbre. Un vieillard vient à passer sur le chemin. Le pendu se met à chanter : « Oh! oh! autrefois j'étais un vieillard, à présent je suis un jeune homme! » Le vieillard l'entendit et lui dit : « Répète, répète,

ô mon fils! » Et l'enfant recommença :
« Autrefois, j'étais un vieillard, à présent,
je suis un jeune homme. » Le vieillard demanda : « Si tu me pendais à ton tour, je
redeviendrais jeune? — Assurément », dit
l'enfant. Ils changèrent de place. L'ancien
pendu se sauva, et le nouveau mourut. Il
faut avouer qu'on n'est pas idiot à ce point-
là. Mais l'idiotie, même maladive et décrépite, les séduit et les amuse. Le Kabyle raconte qu'il a tué un lièvre : « Comment
as-tu fait? demande son frère. — Couche-toi
et fais le lièvre. » Et d'un coup de bâton,
il l'assomme, pour lui faire voir.

Le plus souvent, la ruse et l'habileté sont
du côté de la faiblesse et de la petitesse. Les
femmes, les enfants, les nains ont des pleins
sacs de bons tours ; les ogres sont bernés à
plaisir. C'est la revanche des humbles. Le
type de l'adresse féminine est, par exemple,
Thadellala, la belle et ingénieuse jeune fille
qui semble personnifier le pouvoir de la
femme et son ascendant sur l'homme. Malgré les origines arabes des populations ka-

byles, on sent une nuance qui nous avertit que nous ne sommes pas en Orient, et l'on s'en aviserait au rôle de la femme, à son indépendance, à son intelligence. Thadellala est comme le symbole de la beauté perverse et troublante, dont le cœur toujours libre n'est jamais pris, et qui s'amuse de ses espiègleries ou de ses coquineries. Il faut, pour entendre son histoire, se détacher de nos mœurs et de nos habitudes, et ne pas demander à cette fille bronzée les gentillesses et les coquetteries d'une Parisienne. Ses tours sentent bien leur terroir. Elle rencontre sur la route sept étudiants; — dans ces contes, sept est le chiffre sacré et consacré; — elle dit au premier : « Donne-moi cent francs, et je serai à toi ». Ce marché n'a rien d'exclusivement oriental. Elle en dit autant à chacun des autres, et comme ils se disputent, elle promet d'appartenir d'abord à celui qui atteindra le premier à la course une crête qu'elle leur montre. Les étudiants de là-bas sont plus naïfs que les nôtres. Ils courent vers le but. Pendant ce temps, passe un cavalier. Thadellala lui renouvelle la proposition qu'elle a faite aux autres, et l'envoie vers la crête en lui demandant son cheval, parce qu'elle est fatiguée. Une fois en croupe, elle tire d'un autre côté, et laisse nos jeunes gens s'évertuer à courir. C'est là un de ses moindres tours. Une autre fois, elle était poursuivie. Elle croise un nègre arracheur de dents. Elle lui montre l'homme qui court derrière elle : « C'est mon fils, il faut lui arracher ses mauvaises dents ». Et elle gagne le large, tandis que le dentiste noir s'explique avec son client récalcitrant.

Une autre femme plus ingénieuse encore, c'est « la fille du marchand de savon ». Son intelligence émerveille le cadi. « Par ma selle, dit-il, je vous prends tous à témoin que j'achète cette fille ». L'acquisition est une des formes de l'admiration dans ce pays, c'est faire sa cour à une femme que l'acheter. Elle est presque trop savante pour nous, cette jeune beauté, il n'est qu'un cadi pour converser avec elle sans prendre une migraine. Ils causent par énigmes, ont l'air de parfaitement se comprendre, et intriguent beaucoup les gens de la maison, qui disent : « Notre maître a épousé une folle ! » Écoutez un fragment de leur causerie. Le cadi demande : « Où est ton frère? — Il est allé frapper et se faire frapper », entendez il s'exerce à la boxe. — « Où est ta mère? — Elle est allée voir ce qui n'a jamais été vu », c'est-à-dire un nouveau-né. — « Et ton père ? — Il est allé mettre l'eau à l'eau », il est au moulin. C'est ainsi qu'ils devisent, et le cadi reste en extase devant cet esprit supérieur qui dit les choses avec tant de grâce. Il n'est pas de charade si obscure qu'elle ne devine. Le cadi en proposa une aux habitants de sa ville, avec promesse formelle de couper la tête à quiconque ne la devinerait pas. Je vous la soumets pour vous permettre de vous assurer si votre tête est solide sur vos épaules : « Il y a un arbre très élevé; l'arbre a douze branches, chaque branche a trente feuilles, chaque feuille a cinq fruits ». Dans la ville du cadi, les habitants eussent été perdus sans la fille du marchand de savon. Je sais trop que vous n'avez pas besoin de son aide, et que vous avez déjà reconnu dans ces différents symboles le monde, les mois, les jours et les cinq prières quotidiennes.

La fin de l'histoire est touchante malgré sa bizarrerie. Le cadi trouve sa femme si charmante, qu'il lui permet d'emporter ce qui lui plaira le mieux. L'ingénieuse épouse fait manger à son mari un gâteau d'opium; pendant son sommeil, elle le cloue dans une caisse qu'elle fait déposer en rase campagne. Là, elle le réveille. — « Qui m'a apporté ici ? », demande-t-il. Et sa femme lui répond : — « C'est moi. Tu m'as dit d'emporter ce qui me plaisait le mieux ; je t'ai emporté, car je te préfère à tout. » Voilà une galanterie qui, pour être un peu sauvage, n'a que plus de saveur.

L'ingéniosité de ces gens a les ressources les plus habiles quelquefois, et souvent les plus inattendues. Les voleurs — ils sont légion dans ces contes — ont des roueries divertissantes. Le roi, voulant découvrir un fripon, fit semer des pièces d'or devant son palais et attendit qu'on les volât pour saisir le coupable. Les pièces disparurent sans qu'on aperçût l'auteur du larcin. Celui-ci était passé, sans se baisser, avec un chameau dont les sabots enduits de glu avaient emporté toutes les pièces.

Mais voici qui est plus compliqué. Une femme ayant découvert un trésor sur un terrain qui n'était pas le sien, — c'est leur manie à tous de chercher des trésors cachés, — elle se fit aider par un enfant. Pour infirmer à l'avance son témoignage en cas de procès, elle avait emporté avec elle des crêpes et des beignets; chemin faisant, elle les jetait en l'air; l'enfant les recevait en criant : « Oh! il pleut des crêpes! il pleut des beignets! » Il y eut procès, le propriétaire du sol ayant réclamé le trésor. L'enfant fut cité et confirma le larcin de la femme en ajoutant comme preuve : « C'était la nuit où il est tombé une pluie de crêpes et de beignets. » Le témoin fut récusé, comme idiot, et la femme eut gain de cause.

Leurs procédés sont si étranges! Ils nous amusent par leur nouveauté. Ils ont une façon originale, quand ils causent entre eux, de fixer l'attention de leur interlocuteur. Un jeune homme demande à une vieille femme de lui préparer un plat de couscouss. Quand il fut servi, il dit: « Il y a un brin de paille dans le plat. » La vieille tendit la main pour l'ôter; le jeune homme la saisit. « Lâche-moi, dit-elle. — Je ne te lâcherai pas que tu ne m'aies dit où demeure la fille de l'ogresse. » Ainsi, il faut bien causer de gré ou de force. Ailleurs, une fille demande à sa mère de lui faire un bouillon. Elle jette dans le bol de la crotte de mouton et elle dit: « O ma mère, il y a de la crotte de mouton dans le bouillon! » La vieille tend la main pour retirer ces éléments superflus; la fille la saisit et la maintient plongée dans le liquide. « Lâche-moi, ma fille, je me brûle! — Je ne lâcherai pas, ma mère, que tu ne m'aies dit pourquoi mes frères sont expatriés. »

C'est un trait de leur caractère qui reparaît souvent, la violence brutale poussée jusqu'à la cruauté. Il se donne, parmi ces contes, des quantités innombrables de coups de bâton ou de poignard ; c'est une mêlée perpétuelle où l'on constate la suprématie de la force physique et un complet mépris de la vie humaine. Les négresses sont particulièrement à plaindre. Quand une femme veut circuler sans être reconnue, elle tue une négresse et se revêt de sa peau. Ces gens-là enlèvent facilement aux autres la vie à laquelle ils tiennent si peu eux-mêmes. Ils s'inclinent avec une résignation aisée devant la nécessité de mourir. L'ogresse demande à son visiteur : « Par où commencerai-je à te manger? — Par ma tête », dit-il paisiblement. Et elle le fait comme il le dit.

La jeune fille raconte à ses parents : « Un ange m'a arrêtée et m'a demandé si je préfère devenir orpheline maintenant ou attendre d'être plus grande. » Les parents répondent : « Il vaut mieux pour toi que tu sois orpheline maintenant que d'attendre d'être plus grande. » Et l'ange les fait aussitôt mourir. Ils sont d'une indifférence presque comique à l'égard de la mort. La vie, les mutilations, la souffrance physique leur servent d'enjeu dans les paris, de menue monnaie dans les transactions. Le lion dit au chacal : « Je suis de meilleure race que toi. — Je consulterai un vieillard, dit l'autre, et si tu dis vrai, tu me mangeras. »

Ils ont la barbarie féroce. « Donne-moi à boire », dit la jeune fille à sa marâtre. Celle-ci répond : « Laisse-moi t'arracher un œil et je te donnerai à boire. — Arrache-le. » La marâtre lui arrache un œil et lui donne à boire. Une de leurs vengeances favorites est d'attacher la victime à la queue d'un cheval qu'ils lancent à travers les broutis et les jujubiers. Si les humains sont maltraités, que dira-t-on des bêtes ? Un mauvais tour qu'on leur joue à chaque instant, pour retarder ou arrêter un voyageur, consiste à enfoncer une aiguille dans le genou du cheval ou du chameau. Cette pratique est aussi commune que, chez nous, l'usage de mettre une chaîne à la roue.

Beaucoup de ces contes donnent une impression assez analogue à celle que font nos vieux fabliaux par les rouerics, les canailleries, les vices variés dont ils sont l'étalage et l'apologie. On n'y sent aucune préoccupation de faire œuvre édifiante. C'est une peinture animée de la vie, et la vie n'est pas morale. Les Kabyles ont une prédilection marquée pour le mensonge. Loin de le flétrir, ils l'encouragent et ils l'admirent quand il est beau. Ils font entre eux des concours de mensonge, et quand un génie de l'air rencontre un mortel, il le défie à une lutte mensongère, sous peine de le tuer après la victoire.

Ils sont cupides aussi, et le contraire serait étonnant chez cette race où le vol accompagne ordinairement le mensonge. Ils sont avides de gain et ne donnent leurs services qu'en échange d'un salaire, quel qu'il soit. « Enseigne-moi où demeure l'ogresse », demande la négresse à la chauve-souris. —

« Jure-moi d'abord de m'habiller d'or et d'argent », répond l'oiseau. Ils sont tous chauves-souris en ce sens. Il y a un bien joli conte où le héros est autorisé par une vieille femme à voler un oiseau chanteur, à la condition qu'il n'emportera pas la cage d'or. Arrivé à la ville, il attache son mulet hors des remparts, entre, prend l'oiseau, regarde la cage et dit : « Eh quoi ?... j'emporte l'oiseau et je laisserais la cage d'or ? » Il la prend donc et il lui arrive malheur. La vieille femme consent à recommencer l'expérience : il volera un cheval, mais il ne touchera pas aux harnais d'or. Il va à l'écurie, détache la bête, et, regardant les harnais, il dit : « Eh quoi ? j'emmène le cheval et je laisserais les harnais d'or ? » Il les prend donc et il lui arrive malheur. La série des expériences continue encore, et ce simple conte est d'une bien grande philosophie, qui dénonce l'insatiable cupidité des hommes résistant aux plus amères leçons de l'expérience.

Nous pénétrons ainsi dans le secret des

mœurs, du caractère, des habitudes de ces hommes étonnants, hospitaliers pour l'étranger qui passe, durs pour leurs propres parents. Ces contes ne révèlent pas un sentiment bien vif de la famille. Ce ne sont que disputes, querelles, exils, mauvais traitements, fourberies réciproques. Une fille pauvre a fait un beau mariage. Elle vient voir sa mère. Celle-ci lui fait manger un gâteau d'opium et lui vole ses riches parures pendant son sommeil. — Un hôte se présente dans une cabane, où il passe la nuit. La femme du logis en profite pour assassiner son mari, à cause de la facilité qu'elle aura d'accuser l'hôte du crime.

Ces mœurs sont curieuses, et ces récits sont traversés par une telle variété de personnages que nous y trouvons tous les types, la marâtre, l'avare, les voleurs associés, les naïfs et les malins, les élégants et les rustauds, ceux qui ne connaissent pas la civilité et qui s'attirent les reproches adressés au fils du sultan de l'Inde: « Il ne sait pas vivre; nous avions garni le salon de tapis de soie, il a ôté ses sandales ; nous lui avons donné à manger, il a bâfré comme un valet ; nous lui avons offert du café, il s'est léché les doigts. »

Tout cela est raconté dans un langage rapide, clair, d'une sobriété qui étonne chez ces gens d'imagination. Si la forme est en général concise, l'invention des péripéties et des idées est luxuriante, dévergondée, fantastique. Ces conteurs ont des inventions impossibles qui combinent l'extravagance et l'incohérence. Il faut être aguerri ou entraîné pour écouter sans broncher tant de divagations. Qu'ils aient une façon à eux propre de dire les choses, il ne faut pas s'en étonner, et on ne doit même pas sourire quand un frère cadet s'explique à son frère aîné, tandis qu'ils mangent des croûtes de pain : « Jetons chacun une bouchée de pain dans la fontaine ; vois, la tienne va au fond et la mienne surnage ; c'est ainsi que ce pain surnage dans mon estomac ; le tien descend ; et moi, je quitterai le pays, parce que le chagrin m'ôte l'appétit, car notre mère ne nous traite pas également. » C'est le symbolisme imagé qui a parfois tant de grâce et d'ingéniosité dans la poésie orientale. Mais aussi, que d'enfantillages, que d'imaginations dévergondées et fantasques, qu'on dirait écloses du cerveau d'un bébé ou d'un fou. Ici, un personnage entre au palais en se cachant dans un boyau de vache, que la fille du roi ramasse pour son dîner; cet autre descend dans un puits, et sort de l'autre côté par les antipodes; cet autre tombe dans une pastèque, s'y promène, et y rencontre l'armée du roi, tout comme s'il errait sur la langue de Gargantua; ailleurs, toutes les fois qu'une jeune fille rit, il pleut des gigots; des orphelins vident des tripes de vache sur la tombe de leur mère, et il sort du sol deux mamelles dont l'une donne du beurre, et l'autre du miel. En s'y appliquant, on découvrirait sous toute cette fantasmagorie un sens réel, une allusion aux bienfaits du travail, au charme de la beauté, aux rêves qui hantent les cervelles humaines sous toutes les latitudes : mais que tout cela est enveloppé et nébuleux!

Cette tendance vers le fantastique ou le fantasque les tourne naturellement vers le merveilleux et la superstition ; ils peuplent l'air et la nuit de génies, d'esprits, de ghoules, d'afrites, de djinns, de nims, de griffons, d'hydres ; les ogres et les ogresses exercent sur terre leur métier d'anthropophages ; ces hommes vivent ainsi entourés de puissances mystérieuses et écrasantes, dont l'appréhension incessante a fini par leur enlever toute initiative et toute volonté!

Il y a du charme dans la terreur. Les enfants sont attirés vers ce qui les effraye. Les Kabyles sont de grands enfants. La mort, le malheur, la fatalité exercent sur eux un attrait formidable que traduisent les contes. Ils soulèvent les tombes et voyagent par l'imagination au pays des morts. Voici une de ces « descentes aux enfers », qui rappellent les poèmes de la Troade. « La tombe s'ouvrit. Il descendit et trouva un homme qui léchait la terre:

13

il en aperçut un autre qui mangeait de la rouille; il en aperçut un troisième qui mangeait de la viande. « Pourquoi manges-tu de la viande? lui demanda-t-il. — Moi, j'ai fait le bien sur la terre, répondit l'ombre. « Où trouverai-je ma mère? » reprit le prince. L'ombre lui dit : « Elle est » là-bas. » Il se dirigea vers sa mère qui lui demanda pourquoi il venait auprès d'elle. Il lui répondit : « C'est mon père qui » m'envoie. — Retourne, repartit la mère, » et dis à ton père de soulever la poutre » qui est sur le foyer. » Le prince l'ôta et trouva un trésor. » (Trad. Rivière.) Ce regard plongé sous terre éclaire tout un côté de leurs croyances funèbres, parmi lesquelles on retrouve le dogme de la rémunération future.

Il faudrait ignorer absolument l'Islam pour s'étonner du respect dont la divinité est partout entourée dans cette littérature populaire. Je n'en donnerai qu'un trait. Toutes les fois qu'il s'agit d'un roi, le conteur commence son récit par cette formule propitiatoire à l'adresse d'Allah : « Histoire d'un roi. Dieu seul est roi. » L'aède et son assistance se sentent rassurés par cette précaution qui fait litière de la royauté terrestre à la royauté divine.

La fatalité, le malheur acharné et inévitable ont inspiré à ces rapsodes de touchantes histoires. Il y a là, entre autres, une orpheline, dont les misères laissent bien loin derrière elles les *Deux Orphelines* de M. d'Ennery. L'ange de la calamité la poursuit sans relâche, et c'est un symbole presque effrayant que cette persécution. Recueillie par un parent, elle gardait l'enfant. L'ange vint, tua l'enfant dans les bras de l'orpheline, lui laissa un couteau dans les mains, la rendit muette et disparut. Chassée ignominieusement, elle se réfugie chez un autre parent qui lui fait garder la maison. « L'ange vint, brisa les jarres d'huile, mit un bâton dans les mains de la jeune fille, la rendit muette et disparut. » Chassée encore une fois, elle est recueillie par un autre parent qui lui dit : « Garde la maison. » Il possédait un fort beau burnous de soie; l'ange vint, le déchira, mit un couteau dans les mains de la jeune fille, la rendit muette et disparut. Le même démon la poursuit partout, s'acharne sur l'innocente; et tout, jusqu'à la répétition monotone de la même formule à chaque épisode, donne une impression de tristesse, de commisération, de lassitude et d'impuissance.

Toute cette littérature est essentiellement triste et désolante. L'Arabe n'est pas gai. Accroupi au pied de son mur, il songe, immobile et pensif; la gaieté ne secoue jamais son indolence. Ils ressemblent un peu tous à l'Arabe de la légende. Ali Bou Thiloufa dit un jour à son père : « Je désire être accablé de tristesse! » Depuis lors, il restait toujours au même endroit et ne montait plus à cheval. Il alla trouver l'ogresse, et comme celle-ci voulait le manger, il monta sur un arbre, où il demeura immobile, guetté en bas par la mort, et disant aux oiseaux du ciel qui passaient près de lui : « Oiseaux du ciel, allez dire à mon père qu'Ali Bou Thiloufa est accablé de tristesse. » Les Arabes ont toujours l'air d'être accroupis sur l'arbre de l'ogresse.

Tandis que la voix du conteur résonne dans la chambre basse où ses auditeurs l'écoutent, assis à terre avec recueillement, on pense que c'est bien là le peuple qui doit aimer et expérimenter de pareilles aventures : grands enfants qu'on amuse avec des fables, et qui passent des soirées entières à les écouter, sous la lueur des lampes de caravansérail, jusqu'à ce que le conteur finisse la soirée par la formule traditionnelle, qui est une promesse d'histoires nouvelles, et plus belles encore, pour les autres jours, en même temps qu'un salut flatteur à l'auditoire : « Mon histoire est finie. Mes ressources ne sont pas finies. Mon histoire a couru de ruisseau en ruisseau. Moi, je l'ai racontée devant des héros. »

SOUSSA

C'est une agréable promenade de soixante kilomètres, d'aller à Soussa de Kairouan, à travers la plaine aride que couvrent çà et là de belles forêts d'oliviers, peuplées d'oiseaux chanteurs. Il faut traverser à sec l'oued Zeroud, dont le sable d'ocre crépite au soleil sous l'azur foncé du ciel; voici les ruines amoncelées de Kacer Telga et de Sidi el Hani, dont le plateau fut le théâtre d'un engagement meurtrier entre nos soldats et les Arabes, en 1881 : un monument commémoratif a été élevé à nos morts. Le long de la piste courent les rails du petit chemin de fer à voie étroite, qui relie Kairouan à la mer. Au loin, on distingue comme un ruban d'argent qui cernerait l'horizon en miroitant : c'est le lac Kelbia, aux eaux épaisses et saumâtres. Mais déjà voici l'abreuvoir, et les chevaux vont d'eux-mêmes vers l'auge : c'est le puits de Bir el Trik, à la lisière de la grande forêt d'oliviers qui entoure Soussa de ce côté. Au détour de la route, à travers les arbres, on aperçoit des toits rouges, des coupoles blanches, et, au delà, des mâtures qui se balancent sur la rade : c'est le port de Soussa.

Au fond d'une immense rade qui s'élargit au loin jusqu'aux palmiers de Monastir, une étroite plage de sable fin sépare la mer des hautes murailles derrière lesquelles s'étend Soussa. C'est une antique colonie phénicienne, l'ancienne Hadrumetum de Trajan, le célèbre repaire des pirates contre lesquels ont guerroyé Charles V de France et André Doria. Aujourd'hui, Soussa est après Tunis le marché le plus important de la région.

Autour de la ville arabe, les Européens. Français, Italiens, Siciliens, Maltais, peuplent des faubourgs considérables que l'enceinte puissante isole des quartiers musulmans et juifs. C'est une formidable muraille crénelée, renforcée de tours massives, au pied desquelles se sont établies extérieurement de pittoresques échoppes, où des mercantis vendent des poteries, des nougats et des éponges.

L'auberge française est située vis-à-vis l'une des portes de la ville que domine l'imposante Kasba. Elle est fort proprement tenue, toute carrelée de faïence, à peine meublée, comme les hôtelleries espagnoles. Les chambres s'ouvrent sur une galerie intérieure qui entoure un patio à ciel ouvert. Une claire salle à manger réunit pour les repas les touristes de passage et les pensionnaires, officiers et fonctionnaires, qui sont pour la plupart des jeunes gens au début de leur carrière, encore tout imprégnés de l'air de Paris. Assis à une table voisine de la nôtre, ils nous intéressent avec leurs discussions, si imprévues ici, sur le mérite des romans nouveaux, sur la valeur de nos meilleurs écrivains ; ils passent en revue toute notre littérature moderne, de madame de Staël à Jules Sandeau, de Bonald à George Sand, de Balzac à Zola, nous laissant en doute s'ils se livrent à ces bruyantes dissertations pour leur agrément ou pour notre étonnement. Celui-ci était grand. Ils nous ont du moins procuré la satisfaction de constater que les manifestations maladives et les œuvres morbides de nos jeunes écoles littéraires n'ont pas pénétré dans ces parages. Les décadents n'intéressent pas les esprits éclairés aux bords de la Grande Syrte ; on n'en parle même pas. On ignore les discurs de phœbus au pays du soleil.

De la terrasse supérieure la vue s'étend au loin sur la mer et sur la campagne plantée d'oliviers que traverse l'unique route de Kairouan, bordée de citernes et de ruines romaines. Du côté de la mer, il y a quelques maisons construites à l'européenne, avec des fenêtres à battants, des volets et des toits de tuiles. Une haute cheminée de briques est fort utile à une distillerie voisine, mais fort inutile à la beauté du paysage. Entre l'hôtellerie et la ville, la route passe devant quelques habitations où de jolies juives se mettent au balcon le soir, toutes chamarrées et reluisantes de broderies rouges et dorées. De l'autre côté du chemin, un hangar sert d'écurie aux chevaux de la garnison, auprès d'une guérite qui est la gare d'un petit tramway, dont on raconte qu'il part quelquefois à destination de Kairouan. Un enclos de planches sert d'abri aux caravanes d'ânes et de chameaux, non loin du tombeau d'un marabout : une petite fenêtre s'éclaire le soir dans l'ombre, au bas de la coupole blanche.

La route s'engouffre sous la voûte du rempart entre un café français qui semble une baraque foraine, et quelques échoppes d'épiciers et de cabaretiers dont le trottoir est dessiné par de vieux canons fichés dans le sol en guise de bornes. Si, au lieu de péné-

trer sous le rempart, on le longe jusqu'à la
mer, on arrive à la plage qu'entourent divers
édifices, le kiosque où la musique militaire
donne des concerts à son public cosmopolite,
le cercle militaire, la cabine du loueur de
barques, la tonnelle d'un cabaret plantée au
bord du quai, éclaboussée par le clapot des
vagues, et le café des officiers, long chalet
peint en vert, fermé vers la mer par un large
vitrage qui s'illumine à la fin du jour sur le
fond sombre des remparts. Au large mouillent les gros navires, balancés par la houle.
Non loin de là, la muraille s'ouvre sur la
ville par une imposante porte polychrome en
forme de cintre étranglé, décorée de bandes
rouges et vertes, de peintures, d'inscriptions,
de mains propitiatoires.

Franchissons la voûte. La plus grande animation règne dans ces rues étroites qui présentent le même aspect que dans les autres
villes arabes, avec leurs murailles blanches,
leurs grillages verts, leur sol bossué sur lequel les Arabes dolents et les grosses juives

en pantalon jaune traînent leurs babouches éculées. Comme à Tunis, chaque quartier, chaque rue a sa spécialité, ses souks particuliers, son industrie et ses habitants de nationalités diverses, ici les Siciliens aux yeux noirs qui s'offrent comme cochers, comme guides, ou qui font le métier de changeurs en plein air, debout derrière une petite table sur laquelle sont étalés des billets de banques étrangères et des pièces d'or; — là, des soldats de notre infanterie, des compatriotes qui tiennent boutique « Au bon marché » ou « A l'instar de Paris ». Des employés sortent de la justice de paix ou du bureau de tabac; des âniers bronzés suivent leur bête en prodiguant les coups de bâton sur son échine zébrée, et se font faire place en criant à tue-tête : « Barra! barra! » Des femmes passent, le visage sanglé de noir, suivies de petites bédouines drapées de rouge, chargées de bracelets à chaînettes aux oreilles, aux poignets, aux chevilles, la chevelure emprisonnée sous un réseau d'amulettes dorées. Sous l'enfoncement des portes, des gamins à moitié nus se battent et se vautrent. Dans cette cohue arrive un officier à cheval : personne ne se gare. L'Arabe estime apparemment qu'il manquerait de respect à Allah s'il évitait de se faire écraser, et que son écrasement fût « écrit ». Comme il ne cherche pas à esquiver sa destinée, il est fort gênant pour les cavaliers et les cochers.

Les souks qui bordent les rues sont, sinon aussi riches, du moins plus pittoresques que ceux de Tunis. Ils sont mieux fournis de menus objets qu'on est moins accoutumé de voir dans nos bazars orientaux de la rue de Rivoli. Au milieu du fatras des corbeilles de henné, d'encens, des terrines où nagent des fruits à l'huile, entre les plateaux de couscouss, les babouches jaunes à pompons rouges, les dattes écrasées sous la toile grise des ballots et les harnais en maroquin vert, les regards et l'intérêt sont attirés par de curieux étalages de la camelote locale, si je puis dire, les petits miroirs garnis de velours bleu à paillettes, les blagues à kif, les porte-monnaie étincelants de clinquant, les foulards légers qui servent pour la danse et pour les mariages, tout l'attirail de la coquetterie populaire et facile, y comprises les branches fleuries de henné qui trempent dans l'eau rougie, et que les élégants portent à l'oreille droite, la pointe enfoncée sous la chechia, à la façon dont nos commis de magasins piquent leurs porte-plume.

Nous entrions souvent dans ces curieuses échoppes. Sur le conseil de Mohammed, je me suis fait raser par un barbier arabe chez lequel un caïd de ses amis nous offrait le café. L'étroite boutique, fermée sur la rue par une moustiquaire, est garnie à droite et à gauche de deux banquettes de briques recouvertes de nattes sur lesquelles il faut s'accroupir. Au mur sont attachées des étagères en bois découpé, peint en rouge, en vert, en or. Elles servent de râtelier pour les ciseaux, les rasoirs, les pinces à épiler. Au fond, une banquette un peu plus large est réservée aux joueurs de cartes, auprès d'un fourneau de plâtre qui sert de cuisine pour faire le café, d'évier et de lavabo pour faire la barbe. Le caïd, ses amis et les miens assistent à l'opération qu'ils ont l'air de suivre avec intérêt. Cependant le barbier m'a mis entre les mains un large et magnifique plat échancré en cuivre travaillé qu'il m'invite à tenir sous mon menton. Tandis qu'il me barbouille de savon avec ses doigts bronzés, à côté de lui, un jeune éphèbe en costume de laine rouge, tient une aiguière d'eau chaude dans un bassin de cuivre, et nous formons à nous trois un groupe pareil à ces vignettes qui illustrent les histoires de Guzman d'Alfarache ou de Lazarille de Tormes. Déjà il promène sur mon épiderme sa fine lame de Sheffield avec douceur et lenteur. Le jeu moelleux de ses doigts agiles donne l'illusion d'une caresse. Cependant mes rotules, mal accoutumées à la posture de tailleur que je suis obligé de conserver, distendent péniblement leurs tendons, et je voudrais bien m'asseoir comme tout le monde. Vain espoir ! Le figaro noir m'a saisi la tête entre ses deux mains, il a posé son pied sur le bord du divan, et, par une insinuante mais impérieuse impulsion, il me couche de côté, ma joue sur son genou, et il racle avec conscience la partie de ma figure qui regarde le plafond, un peu à la façon des tanneurs qui pèlent une peau d'agneau. J'eus alors l'occasion de constater avec combien de fondement on attribue à la race arabe la plus minutieuse patience. Ce monstre à l'air bénin se livra tranquillement sur ma face à une inexorable chasse aux poils. Je suis sûr que je sortis de ses mains avec un menton aussi glabre que mon plat de cuivre; mais je suis sûr aussi que j'eus la peau écorchée pendant deux jours, d'où je ne sais trop ce qu'il convient de conclure, si l'épiderme européen est plus tendre que l'africain, ou si le barbier de la rue Bin-el-Khaouï, s'étant voulu surpasser, n'a pas apporté trop de zèle dans son travail pour éblouir la race blanche; auquel cas je me considère à bon droit comme une victime de la division des races.

Le soir, nous aimions à fréquenter le quartier arabe, et nous nous rendions, comme on dit, sur le point le plus animé de la ville. C'est une voûte d'où pend une lampe, et qui recouvre une étroite ruelle devant le café de la Koubba. Les Arabes ignorent l'architecture extérieure, l'ornementation publique, l'alignement et l'agencement des larges voies, le percement des rues et des places. C'est au contraire une des plus notables curiosités pour les Européens que cet entassement de maisons petites, massées, laissant à peine entre elles l'espace de quelques ruelles qui ressemblent à des découpures dans un pâté. Elles serpentent sous des toiles tendues ou des voûtes de pierre, sans jour ni dégagements, à travers l'agglomération des constructions qui semblent se serrer, se presser l'une sur l'autre pour se défendre contre la lumière, la chaleur et le soleil.

Nous traversions, mal éclairés par quelques lanternes à potences, ces ruelles le long desquelles nous trouvions toujours quelque chose à voir : ici, dans un réduit obscur où brillent des cierges allumés, autour d'un tombeau de bois peint, on aperçoit, par la porte entr'ouverte, des fidèles accroupis qui prient en marmottant à mi-voix pour l'âme d'un marabout. Plus loin, par les petites lucarnes grillées d'un café, on entend la voix sonore d'un conteur. C'est chez les barbiers surtout que l'on se réunit le soir. Les Arabes sont à demi couchés sur les nattes des divans de pierre et jouent silencieusement aux échecs ; au milieu, l'un d'eux, un savant sans doute, le nez orné de grosses lunettes rondes, lit à haute voix un de ces contes que les Arabes content si bien. Les auditeurs l'écoutent avec intérêt, appelant quelquefois d'un signe le fellah qui leur apporte une minuscule tasse de café. Voilà l'innocent emploi de leurs soirées. A la même heure, les Européens se pressent dans des cafés illuminés, dans tous les lieux de plaisir où les attirent et les attendent l'ingénieuse industrie des directeurs, le talent des artistes, les charmes d'une clientèle élégante. Quel contraste avec cette population calme, d'une imagination si vive, à qui un conte des *Mille et une Nuits* tient lieu de toute littérature, et qui, dans la fumée du haschich voit des décors plus dorés, des ballets plus troublants, des visions plus enchanteresses qu'on n'en peut voir sur nos scènes les plus brillantes.

Nous voici devant le grand café de la Koubba, au carrefour de quatre ou cinq passages qui sont les grandes artères de la circulation. Quelques boutiques de marchands d'étoffes, de cuirs, un ou deux barbiers, un libraire garnissent les angles des rues avec leurs tant curieuses devantures de bois découpé en fines colonnettes, en treillis savants, laissant passer le jour par une porte cintrée, garnie d'un filet, flanquée de deux petites lucarnes arrondies par le haut en trèfle trilobé. Le long des murs courent des divans de pierre polie qui sont ici les bancs de nos promenades publiques. Le sol est maladroitement pavé de galets, de fragments de pierres provenant de ruines. Une rigole creuse le milieu de la chaussée ; on marche dans un lit à sec. Ici la rue est voûtée. Plus loin, les ruelles à ciel ouvert, les coins, les murailles s'effacent et s'allongent dans une perspective fuyante, comme les plans d'une mise en scène. Des Arabes dorment à terre, d'autres circulent, des flâneurs, des porteurs d'eau qui poussent leur âne chargé de quatre grosses cruches maintenues dans deux paniers d'alfa. Il faut peu de monde pour emplir et encombrer ces rues étroites. A l'angle du passage voûté s'ouvre le café, une ancienne chapelle de marabout, dont le toit est une coupole palmée, et dont les murailles s'arrondissent en arcades percées de deux lucarnes grillées. Les divans de nattes y sont fort larges pour permettre aux fumeurs de kif de s'étendre et de dormir. A la porte, un réchaud de terre grise refroidit à côté de la botte en

bois de thuya, où sèche la poudre de moka.
Le soir, les lanternes de la voûte s'allument,
éclairant d'une lueur fumeuse les clients
abrutis par le haschich, ou attentifs aux
récits du conteur qui s'accompagne de sa
guzla appuyée en travers sur ses genoux.

A dix heures, toute la ville est endormie.
Nous rentrons à l'hôtellerie. Ma fenêtre
donne devant celle d'une chambre à coucher,
dont une petite cour me sépare. C'est l'ap-
partement privé d'une femme juive, voisine
de l'hôtel. Comme elle ne ferme pas ses rideaux et qu'une lampe de cuivre illumine
la pièce, j'en puis tout à l'aise étudier les
détails, les tentures élégantes, les bronzes,
les broderies compliquées. Je puis même,
presque sans le vouloir, assister au spectacle
intéressant du petit coucher d'une juive
arabe, et étudier les différentes pièces de
son accoutrement, depuis les petites babouches à talons dorés jusqu'au petit bonnet pointu chargé de paillettes: rare fortune
qui me permet de constater que la loi israé-
lite est loin d'être aussi stricte que la mu-

sulmane, sur le chapitre de la séquestration et de l'isolement des femmes.

Mohammed a des amis partout qui viennent l'assaillir de protestations et de serments, et frottent contre son gros nez cuivré leurs figures épanouies de joie. L'un d'eux, ne sachant comment nous témoigner son allégresse, nous propose de nous faire visiter sa maison. Nous acceptons avec empressement une offre aussi curieuse qu'elle devait être décevante. L'accès du quartier des femmes nous étant formellement interdit, tout ce que nous avons vu, ce fut une cour étroite, meublée d'une pompe à levier autour de laquelle rampaient quelques bambins. Nous suivons un passage obscur et en pente, puis des escaliers de pierre dont les détours suivent les caprices de la voûte, entre deux murailles que percent de lourdes portes cadenassées. Enfin, nous voici dans la chambre du maître, large et peu profonde. A droite et à gauche, deux alcôves s'enfoncent dans l'ombre sous d'épaisses tentures rayées, ac crochées à un baldaquin chargé de dorures. Tout le long de la muraille courent des étagères et des supports découpés, crénelés, dentelés. Au-dessous, un large sofa est flanqué de deux affreuses commodes qui rappellent celles des hôtels garnis de province, et que surchargent des fioles à long col, des flacons à parfums, des buires d'essence de rose, et aussi quantité de bibelots dont on dirait qu'ils ont été gagnés à la loterie de porcelaines, tasses dorées, chiens de faïence, complaisamment disposés autour d'une fort laide pendule à colonnes qu'accompagnent deux vases de fleurs en papier argenté, rehaussés sur des socles d'acajou et protégés par des globes de verre. Étrange et regrettable disparate! Le faubourg Saint-Antoine envahit le sanctuaire arabe! La rue Maubuée longe le harem, et les trôleurs foulent les tapis de prières! Effet inévitable des relations internationales et de la pénétration mutuelle des peuples! Au total, si nous nous indignons de voir des fleurs sous globe décorer un meuble d'ébénisterie kabyle, peut-être ne faisons-nous pas réflexion que l'indignation ne serait pas moindre chez un honnête Kabyle qui verrait sur les étagères de nos élégants fumoirs des plateaux à couscouss ou des terrines de Nebeul dans lesquelles mangent les chameaux.

MONASTIR

C'est une courte et délicieuse promenade d'aller le matin de Soussa jusqu'à Monastir, derrière l'oasis.

A la pointe de la presqu'île qui ferme la baie de Soussa, les murailles blanches de Monastir éclairent l'horizon à travers la forêt de palmiers qui abrite la ville. C'est un endroit délicieux, un de ces pays dont on rapporte le souvenir d'une retraite paisible et désirable, un de ces nids ensoleillés où l'on rêverait, comme à Pouzzoles ou à Cadix, d'aller finir ses jours dans la splendeur d'une nature éblouissante et amie.

Une route carrossable contourne la baie entre Soussa et Monastir, bordée par des champs luxuriants, des bouquets de palmiers, des fourrés de nopals, des vergers d'oliviers, des carrés d'alfa. Au détour d'une haie, une grosse amphore, fichée en terre et remplie d'eau, invite les passants à se rafraîchir. Un tesson de terre rouge posé sur le sol sert de gobelet. Cette population est prévoyante et bonne. Autour de nous les chardonnerets et les pinsons gazouillent et ne s'enfuient pas à notre approche.

La route est peu fréquentée. Nous croisons le courrier à cheval qui fait au galop de sa bête chamarrée le service de la poste. Ce superbe cavalier humilie à distance nos modestes facteurs ruraux. Plus loin, un fellah guide un âne qui porte une grosse goule d'argile en travers de son bât. C'est un marchand de *lagmi*, ou lait de palmier. Nous l'arrêtons. Il nous sert dans une écuelle de bois cette liqueur exquise, douce comme le miel, savoureuse comme le lait, qu'on peut seulement goûter au pied de l'arbre, pour ainsi dire, tant elle est prompte à se gâter.

Vers le milieu du trajet, la route sépare deux lacs réunis par un oued ou canal, qui traverse la chaussée et qu'on franchit à gué. Les chevaux ont de l'eau jusqu'au paturon. Le fond est comblé par des pierres entassées. Une étroite poutre jetée sur le côté du gué au niveau du ruisseau permet aux piétons de passer presque à pieds secs. Ce système est un succédané du pont ordinaire, mais il sent l'économie. Nous sommes dans un pays où la richesse est en espérances.

Une importante citerne dont les réservoirs sont couverts par d'épaisses maçonneries annoncent l'approche de la ville. Monastir est une des plus anciennes cités du pays. Les Phéniciens l'ont fondée, c'est tout dire. Son nom rappelle, paraît-il, un célèbre monastère établi autrefois dans les parages. Aujourd'hui on ne rencontre plus ni Phéniciens, ni moines, mais des ouvriers qui sortent, noirs et oléagineux, des fabriques d'huiles.

La fabrication de l'huile est la grande industrie de la ville. Des usines modernes ont été déjà bâties par quelques sociétés italiennes, avec tout le confort et le matériel perfectionné des établissements les plus récents.

Leur huile doit en être meilleure et mieux clarifiée. Mais combien plus pittoresque est l'ancienne fabrique arabe, petite, sombre, sale et grasse. On hésite à pénétrer dans l'obscur caveau qui s'ouvre sur la rue. Quand les yeux sont habitués à cette pénombre, et quand on s'est familiarisé avec l'odeur âcre et forte des olives écrasées, on distingue vaguement, comme dans quelque vision infernale, des visages luisants de fellahs vêtus de toiles huileuses, occupés autour d'une énorme cuve de pierre. Dans celle-ci évolue un lourd rouleau de granit entraîné par un madrier que tourne un chameau bizarrement coiffé sur les yeux d'un chapeau de jonc destiné à l'aveugler pendant sa course giratoire. Derrière ce formidable engin, dans un fond obscur et impénétrable, s'agitent de petites lampes qui scintillent à la ceinture des ouvriers. Les murs, l'air, les poutres, tout est imprégné de vapeurs âcres qui vous saisissent à la gorge. L'humidité glissante du sol fait flaque sous les pas. Nous voici au fond de la noire caverne, dans le pressoir. Une pile de chamias, qui sont des sacs d'alfa remplis d'olives pilées, est soumise à la pression puissante d'un arbre mal équarri dont on aperçoit à peine les arêtes dans l'obscurité, à la lueur des lampes. L'autre extrémité de l'arbre pose sur un appareil étrange, où des cabestans et des câbles qui suintent font mouvoir une grosse meule de pierre grise. La chaleur est étouffante, l'air épaissi et empuanti. Des trous à peine visibles s'ouvrent dans le sol et donnent sur des citernes remplies d'huile dorée. C'est à la fois ignoble et attrayant, repoussant comme un repaire gluant et noir de vipères luisantes, poétique comme le conte d'Ali-Baba, le marchand d'huiles.

Au dehors, l'aspect général de la petite bourgade est riant et avenant. Des palmiers poussent en pleine rue entre les maisons basses, dont la façade blanche est souvent rayée par un balcon vert en bois découpé. Quelques souks, de petites échoppes fort modestes, des âniers, des porteurs d'eau qui chargent sur leurs épaules leur outre de peau de chèvre toute gonflée, des chariots rouges sans essieu, des chameaux et des Arabes qui ruminent, des mercantis qui offrent sur leur éventaire des olives, des limons ou des pastèques, tout cela sous le chaud soleil, suffit à donner à la rue un aspect animé et intéressant.

Nous allons présenter nos devoirs au caïd. Nous tombons en pleine noce. Il marie sa fille, et ne nous reçoit pas moins avec toute l'amabilité d'un beau-père récent. Il nous prie d'assister au festin du mariage, et, comme nous déclinons son offre, ce doux vieillard nous fait monter, par un superbe escalier de pierre, dans le salon d'honneur, pour y accepter la collation. Le salon d'honneur est meublé d'un canapé en acajou dans le style empire, et de quelques nattes propres à s'asseoir commodément à terre. Le papier qui a autrefois décoré la muraille se détache et retombe tristement par lambeaux, montrant l'envers de la tapisserie. Les lambris et les boiseries portent encore la trace de peintures naïves, à qui leur pâleur sied bien. Une cretonne rose, passée et percée, contient mal le crin indocile du canapé. Le caïd nous présente son personnel, qu'il met à notre discrétion; son secrétaire, qui a accompagné madame Dieulafoy en Perse; son chef de cabinet, que son passé préparait mal à tant d'honneur : il était inspecteur dans un des grands hôtels de Paris. L'esprit et le caïd soufflent où ils veulent.

Les interprètes échangent nos civilités et nos compliments, d'où il appert que nous sommes les meilleurs amis du monde et que nous pourrons avec peine vivre désormais les uns sans les autres. Pour nous faire oublier l'instant proche de la séparation, des spahis au burnous bleu chargent une table de choses exquises, des gâteaux de sucre blanc ornés de peintures bleues, roses, et de papiers dorés, des brioches de semoule au safran, des chaussons de confitures au benjoin, des pâtes feuilletées et frites dans l'huile, avec le traditionnel litre de sirop de groseille et les tasses de café. Nous avions déjà eu une collation semblable chez le caïd de Dar el Bey. C'est apparemment le menu officiel de l'Afrique quand elle traite la France. Notre hôte l'assaisonne d'une cordialité touchante. L'un de nous ayant laissé tomber son gâteau par maladresse, le doux caïd se précipite à terre, le ramasse, le mord et le rend avec un sourire à son propriétaire. On ne saurait être plus aimable.

Le repas terminé, nous échangeons de nouveau les plus chaleureux compliments pendant lesquels je jette un coup d'œil vers le fond de la salle. Je vois notre guide, Mohammed, fort occupé. D'une main, il tenait le litre de groseille qu'il vidait à plein goulot, de l'autre, il emplissait ses poches de gâteaux demeurés sur la nappe. La race nègre est une race économe et sage, comme toutes les races pauvres. Mohammed n'a pas perdu son temps chez le caïd de Monastir. Quant aux jeunes mariés, si la moitié des vœux que nous avons transmis au père par l'interprète s'est réalisée, ils doivent faire le plus heureux ménage du continent noir.

Au pied du rempart, du côté de la mer, s'étend le cimetière, sans murs ni enclaves. Les tombes s'espacent librement, et piquent leur note blanche sous les hautes herbes sèches et sous les grands palmiers. Au milieu s'élève la zaouïa d'un marabout vénéré, qui jouit du droit d'asile. Dans la cour a grandi un beau dattier dont le panache vert s'épanouit au-dessus des murs. Nous voulons entrer, et déjà nous avons franchi le vestibule, quand un portier s'élance sur nous le bâton levé, tandis que dans le fond, à travers la porte, nous entendons la débandade éperdue des femmes en prière que nous avons surprises. Dès qu'elles se sont enfuies et mises à l'abri derrière le sanctuaire, alors on nous permet de jeter un furtif coup d'œil sur le tombeau du saint, tout enguirlandé de drapeaux verts à pointes de fer-blanc. Un demi-jour tombe d'un étroit soupirail sur les fresques criardes et les dorures de la coupole, trouée comme un dé à coudre. Devant le tombeau, une des femmes que nous avons dérangées a oublié à terre son châle et son nouveau-né : c'est un garçon, il ne lui est pas défendu de voir des hommes. Il s'étire et sourit en nous regardant : c'est comme le sourire de la jeune Tunisie à ses protecteurs et amis.

Derrière la zaouïa s'ouvre un puits. Il alimente un abreuvoir où viennent se désaltérer les chevaux et les chameaux, que le cocher invite à boire en sifflant. Au delà, le sol sablonneux s'incline doucement vers la mer, qui divise son écume en fins réseaux de dentelle.

On voit au large quelques îles de sable dont l'une sert d'abri aux pêcheurs de thons, de sardines et d'éponges. Ils y ont creusé des abris. De la côte, ce rivage perforé présente l'aspect d'un columbarium, comme si le cimetière musulman avait là-bas son pendant par delà les flots.

C'est bien l'idée de la mort qui vous hante dans ce coin silencieux et paisible, mais une mort affable et douce, au sein de cette solitude heureuse, où les fleurs d'aloès s'épanouissent, où les chardonnerets chantent dans les branches des palmiers, où les tombes blanches se marient harmonieusement à l'ocre des sables et aux tons éteints des arbres poudreux, où la mer module tristement sur la plage inclinée sa plainte affaiblie, comme pour ne pas éveiller les trépassés.

Non loin de Monastir s'élevait jadis une cité florissante, Mehedia, qu'ont célébrée les historiens arabes, qu'ont vantée El Bekri et Edrissi, et dont il ne reste plus qu'un poste militaire, entouré de quelques habitations. Edrissi raconte que Mehedia n'avait pas de cimetière. Une barque funèbre apportait par mer les morts à la nécropole voisine. Les habitants de la grande cité se condamnaient à l'exil posthume pour venir, entre l'oasis et la mer, dormir leur éternel sommeil sous les immobiles palmiers qui ombragent la rive délicieuse de Monastir, le champ du repos, du silence et de l'incorruptible paix.

ZAGHOUAN, HENSCHIR-AIN-KASBA

Au retour de notre excursion à Monastir, nous quittons Soussa de bonne heure. La journée sera chaude. Le soleil a dissipé les brouillards de la nuit et fait craquer les grains de sable. Nous rejoignons et nous dépassons une colonne d'infanterie en marche. Longtemps après, l'écho des clairons nous accompagne.

Les chevaux trottent depuis deux heures. Brusquement la voiture s'arrête.

— Qu'est-ce qu'il y a, Mohammed?

Une des roues de devant est à moitié sortie de l'essieu. C'est un accident déplorable dans cette solitude, où nous ne rencontrerons pas de maréchal avant dix heures de trajet. Le petit Maltais, homme inventif, ne désespère pas. Nous soulevons le véhicule pour le faire reposer sur un essieu de rechange, qui remplit ici l'office de cric, et permet de dégager la roue. A l'aide d'un vieux sac qu'il découpe avec son canif, le Maltais rembourre et tamponne l'orifice dans lequel vient s'emboîter la tête de la traverse; il tasse à coups de pierre son ouvrage, et termine enfin cette réparation aussi ingénieuse que rudimentaire, tandis que nous effarouchons les fauvettes intriguées par notre rassemblement insolite. Nous repartons. Un quart d'heure après, nous nous arrêtons de nouveau, et c'est un spectacle navrant de voir ce que quelques tours de roue ont fait de notre travail. La toile à sac pend misérablement le long des jantes, et la boîte de l'essieu recommence à s'éloigner de son support, au risque de nous culbuter. Les choses sont impitoyables. Le Maltais se remet à l'œuvre en sifflotant. Cette race est patiente. D'ailleurs il voit que ses voyageurs prennent gaiement leur infortune. Il rebourre de plus belle, retape avec une énergie nouvelle, et nous déclare en assénant le dernier coup de caillou que cette fois la voiture peut rouler six mois sans accroc. De fait, je ne sais pas si le maréchal de Dar el Bey, qui refit la réparation, eut plus de mal à raccommoder la roue qu'à défaire le solide ouvrage de notre cocher.

Nous apercevons Zaghouan. La ville se détache toute blanche, blottie au creux de deux montagnes dont les flancs s'entrecroisent, dans un décor éblouissant de lumière, imposant et sauvage. Les rocs tourmentés et abrupts font à la petite bourgade un rempart pittoresque, où les buissons de bounefa couvrent de larges taches foncées la pierre violette. Des murailles anguleuses surplombent au loin la plaine, lui donnant vaguement l'aspect des ravins décharnés du Guipuscoa. Déjà nous distinguons le son lointain des clairons. C'est l'heure de l'exercice. Quelques lopins de terre cultivée annoncent le voisinage des humains. Un chameau traîne lentement un pieu mal équarri et taillé en pointe, qu'un Arabe enfonce dans le sol. C'est la charrue du pays. La piste s'élargit peu à peu en une chaussée accidentée qui monte par une pente raide jusqu'à la porte de Zaghouan. A présent, nous voyons de plus près cette poétique entrée qui eût tenté le pinceau du Poussin. La poterne est une majestueuse voûte romaine, effritée, fendillée par des touffes d'herbe et de lierre, qui ont disjoint les moellons, rongé les inscriptions et les figures ciselées. Un grand olivier a poussé auprès, et ombrage de son feuillage séculaire ces vénérables restes. Sous la voute on aperçoit la rue montante bordée d'arcades et de souks modestes, dont les piliers supportent des chapiteaux antiques. L'Arabe s'abrite sous les pierres qui ont vu passer Bélisaire.

Nous avons eu une alerte. Nos chevaux étaient épuisés, la pente était trop raide, leurs reins ont fléchi, et nous voilà roulant en arrière, sur le point de redescendre trop vite cette montée franchie à grand labeur. En un clin d'œil, pareils à des sauterelles que le piqueteur dérange sur une gerbe de blé, nous sautons en bas de la voiture, tandis que le Maltais, d'une poigne énergique, tourne l'attelage , l'arrête de biais en travers de la route. Mohammed fut tout triste de cet incident qui lui sembla un présage funeste envoyé par Allah à nos chevaux et à nous. Il n'eut pas tout à fait tort, et la fin de notre excursion allait être marquée par quelques fâcheuses aventures.

En deçà de la grande porte d'entrée, la ruelle bordée d'arcades et semblable à une allée de tombeaux, débouche sur une petite place au centre de laquelle un vieux platane s'étale à l'aise. Au fond, la façade de l'auberge européenne montre ses volets verts. A côté s'ouvre un porche qui donne sur une cour boueuse et sale, où il y a quelques chariots rouges et des ânes qui attendent, rêveurs. Le tour de la place est formé et fermé par de petites échoppes blanches, très basses, devant lesquelles des Arabes hument du café, ou vendent du piment et des babouches jaunes. Dans l'échoppe du coin, il y a une table en bois blanc. Un spahi attend à la porte. C'est le cabinet du caïd. Çà et là, dans les constructions, il n'est pas rare d'avoir à admirer un chapiteau gréco-romain, ou un fût de colonne en marbre antique. Les burnous, les chachias rouges, le turban vert des califes, les comptoirs en bois peint, les chariots enduits de vermillon, la verdure du gros arbre, l'éclatante blancheur des murs font, sous le ciel qui est pourtant couvert, un concert discordant de notes vives, crues, bigarrées, violentes.

Il sort de ce décor pittoresque d'un village arabe dans la montagne une douce impression de calme, d'oisiveté, de solitude. On se croirait dans un cloître. A cinquante kilomètres à la ronde, il n'y a rien que le sable, les broussailles, les pierres. C'est comme un nid resté accroché dans l'entre-deux d'une chaîne montagneuse. On pense être chez un de ces peuples de la fable qui vivaient isolés, loin de tout et de tous, confiants dans la bonté de la Providence, la fertilité spontanée de leurs prairies, sûrs du bonheur qui est inséparable de l'innocence. Il semble qu'on soit chez les Troglodytes, ou bien chez les Abencerrages, à les voir si doux, si naïvement étonnés devant des Européens au veston de flanelle blanche, et on croit lire au fond de leurs yeux doucement voilés le rêve intérieur qui se forme dans leur imagination paresseuse, où passent des Anglais qui ont des chapeaux mous et de longues dents.

C'est une délicieuse promenade à faire à dos de mulet que d'aller visiter le Nymphæum, à trois kilomètres de Zaghouan. On traverse d'abord les dernières ruelles du village, étroites allées qu'encaissent des murailles blanches comme dans un cimetière. On se trouve alors en pleine campagne, au milieu du plus riant paysage, qu'égaie une végétation vigoureuse. Il pleut tandis que nous y passons, et c'est un charme de plus.

L'horizon est estompé par les brouillards. De la hauteur où nous sommes, nous découvrons un panomara splendide, accidenté, varié par des alternances capricieuses de végétation et de stérilité. La verdure est raffermie et embellie par l'humidité qui laisse pendre aux brins d'herbe des gouttelettes de cristal. Les arbustes ont perdu leur aspect gris et poudreux ; ils sont luisants et propres, et répandent autour d'eux une impression de santé jeune et souple, pareils à de robustes éphèbes qui sortent du fleuve, éblouissants de vigueur et de mâle beauté. Un souffle vivifiant semble ranimer la plaine; les petites herbes, fraîches et droites, les fleurettes ragaillardies, les tertres détrempés, les branches le long desquelles tremblent des perles de rosée, le sol dont les teintes d'ocre sont singulièrement ravivées par la pluie, et offrent toute la gamme de leurs tons les plus chauds ; toute la nature entière respire un air de bonheur, de délassement, de jouissance et de vigueur sous cette bienfaisante fraîcheur.

A travers la campagne un long renflement du sol court comme une grosse veine saillante dans les genêts, les garances et le henné. C'est la conduite d'eau qui relie Tunis à la source du djebel Zaghouan. Nous suivons ce bourrelet jusqu'à son origine. Nous y voici. C'est un spectacle inoubliable et enchanteur.

Au détour d'un massif rocheux, on découvre tout à coup la source, et les ruines du temple que les Romains lui ont consacré. C'est une apparition subite, dont l'effet semble avoir été ménagé par quelque habile metteur en scène. Au pied d'une haute muraille granitique, dans un fouillis de verdure, au milieu de massifs vigoureux où les orangers et les trembles marient leur feuillage à celui des longs peupliers, des cyprès et des platanes, on découvre l'immense nymphaeum de Henchir-Aïn-Kasba. Ces ruines grandioses, dans ce décor sauvage, font penser aux compositions de Claude Lorrain.

C'est un hémicycle largement ouvert, adossé à la montagne, et percé intérieurement de hautes niches régulièrement espacées. Les deux ailes encadrent la grande *cella* du centre, où se dressait la majestueuse statue de la déesse du temple, *Juno pollicitatrix pluviarum*. Les niches latérales s'ouvrent entre de massives colonnes; elles avaient chacune leur statue. Les murailles s'inclinaient par le haut et se rejoignaient en voûte au-dessus du bassin. Il reste encore les amorces arrondies du dôme. Un large et profond réservoir occupait le centre de l'édifice et était recouvert d'un parquet dallé de larges pierres. L'eau s'échappait par une série de bouches, jaillissait en avant du réservoir sur des gradins, et s'étalait en une cascade peu élevée, mais large et abondante. Celle-ci remplissait un dernier bassin, où plonge la conduite qui traverse le pays jusqu'à Tunis.

On se représente à distance ce magnifique

monument à l'époque de sa splendeur, surgissant dans une région prospère et soigneusement entretenue, dans un milieu populeux et animé, fréquenté par la foule, enguirlandé et paré aux jours de fête, rendez-vous des peuplades lointaines qui venaient sacrifier des brebis blanches à chacune des divinités protectrices du sanctuaire, et remercier au pied des autels la déesse qui répartissait le bien le plus précieux de tous, l'eau pure de sa source. Les manteaux de laine, les toges de pourpre, les légionnaires aux brassards de cuivre, les victimaires en robe blanche, les esclaves en jupon brun animaient et sillonnaient ces parvis sacrés, le murmure de la foule remplissait cette voûte aujourd'hui écroulée, déserte et silencieuse. Les murailles se sont effondrées; les statues de marbre blanc ont été pillées, emportées par les envahisseurs, ou brisées; les colonnes et les chapiteaux ont servi à bâtir les douars des alentours qui ont, eux aussi, disparu; les pierres, les inscriptions, les frises rompues, les chapiteaux mutilés jonchent le sol qu'ils ont par endroits éventré dans leur lourde chute, pour s'abîmer au sein des réservoirs souterrains. Par les baies qui s'entr'ouvrent entre les figuiers sauvages et les citronniers, on aperçoit et on entend gronder l'eau de la source, qui continue à couler, ignorante des révolutions humaines, insouciante de sa divinité que les barbares ont tuée, éternellement bienfaisante et généreuse, dédaigneuse des remerciements des hommes, bonne avec la ténacité aveugle et la persévérance inconsciente des lois de la nature.

Les dieux s'en sont allés, laissant derrière eux la ruine et l'abandon. Par une des ouvertures qui trouent la voûte du réservoir, on aperçoit un tronçon de statue en marbre blanc, un buste de femme admirablement modelé et drapé, qui dort tristement couché dans sa tombe humide. L'eau ni l'air chargé de vapeurs n'ont encore attaqué la pureté du marbre, des lignes, des seins fermes, des épaules gracieuses. Seuls, les plis minces de la draperie se sont affaissés, usés et écrasés par le cours de l'eau et des siècles.

Dans la pénombre du souterrain, cette divinité déchue, brisée, morte, abandonnée au fond d'une fosse, oubliée de tous, tristement ensevelie dans son suaire caressant, donne une impression pénible, presque douloureuse, de déchéance, de solitude morne et navrante après la splendeur d'antan. Les nécropoles humaines ont leur tristesse, mais douce et tempérée par une vague lueur d'espoir vers un au delà inconnu. Le nymphæum de Henschir-Aïn-Kasba présente le spectacle de la mort dans toute son implacable horreur et dans son néant absolu. De ces déesses qui ornaient les niches de l'hémicycle et que la foule vénérait devant les autels comme le symbole de l'éternelle puissance, de l'indestructible et infinie durée des forces de la nature, voilà les débris misérables que le temps nous a conservés : un fragment de statue décapitée, noyée parmi les pierres dans le lit obscur d'un ruisseau !

LE RETOUR

Au départ de Zaghouan commencèrent nos peines. Nous avions fait partir de Tunis des chevaux de relai qui devaient venir à notre rencontre. A Dar el Bey, déjà, nous avions pu constater que notre télégramme avait été interprété de travers, puisqu'on nous avait envoyé des chevaux de selle qu'il nous fallut monter, car le bruit d'une voiture les faisait cabrer. Quand ils furent trop las, nous les rendîmes à leurs varlets qui les firent reposer avant de les ramener chez le louageur. Ils nous rejoignirent en pleine montagne, et c'était plaisir de les voir gambader, galoper un instant à nos côtés, pour disparaître dans les broutis, sauter les ravins, franchir les torrents desséchés et les broussailles. La chachia rouge des écuyers semblait voler, en agitant le long gland de laine bleue, tantôt plongeant dans les taillis, puis surgissant plus loin derrière un massif d'aloès, tandis que le cheval faisait voltiger des quatre fers le sable et les cailloux sans broncher ni fléchir, en vrai coursier du désert, ardent, nerveux et sûr. Nous eûmes là pendant quelques minutes la plus émouvante fantasia; c'était un spectacle imprévu et piquant que cette chevauchée scabreuse et endiablée dans ce décor de roches sauvages et de buissons poudreux.

Mais bientôt les petites chachias rouges disparurent au loin, nous abandonnant à l'humiliante et sage lenteur de notre diligence.

Le second relai nous attendait au caravansérail de Zaghouan. Il était cinq heures de l'après-midi quand nous fîmes atteler. La grosse aubergiste nous déconseillait fort de partir, moins, je crois, par intérêt pour notre sécurité, que par l'espoir de garder cinq clients et six chevaux à loger. Il a bien fallu nous repentir de ne pas l'avoir écoutée. C'est la preuve qu'Allah inspire quelquefois les êtres les plus modestes, et prodigue aux hommes les conseils de la prudence par l'intermédiaire de ses plus obscurs enfants. Nous avons fait fi des conseils de l'hôtelière, comme les Troyens méprisèrent les avis de Laocoon. Les voyages ont leur morale.

Nous avions à peine franchi les portes de Zaghouan, et nous commencions à galoper en rase campagne, quand le Maltais arrête son attelage en se disputant avec le gros Mohammed, son voisin de siège, et en faisant de grands gestes avec son fouet.

— Qu'y a-t-il encore? demandons-nous.

— Il y a, nous explique Mohammed en roulant de gros yeux, louageur de Tunis avoir envoyé deux rosses.

Le fait est qu'un des deux chevaux frais venait de s'arrêter et refusait le service. Peut-être avait-il laissé son cœur et ses regrets dans l'écurie de Zaghouan. Pour cette raison ou pour une autre, il n'hésitait pas à nous mesurer chichement son aide et il s'entêtait à ne plus avancer. Nous étions déjà en panne! Que faire? Nous nous trouvions à soixante kilomètres de la ville prochaine, et nous avions pour nous y conduire six chevaux dont deux étaient d'invalides haridelles, tandis que les quatre autres, épuisés par cinq journées de traite, se traînaient à peine. Le Maltais, homme de sens, dételа l'une des deux bêtes récalcitrantes, la ramena par la bride à l'auberge de Zaghouan d'où il revint avec le moins malade de nos premiers chevaux, pendant que nous montions mélancoliquement la garde auprès de notre carrosse immobile. Enfin le fouet claque, l'équipage s'ébranle, nous sommes de nouveau en marche, péniblement traînaillés par nos bêtes harassées sur le sable épais où les roues s'enfoncent. Le soir tombe majestueusement; le soleil disparaît derrière les montagnes lointaines qui se découpent en violet sombre sur l'horizon empourpré.

La nuit s'étend sur la plaine; l'espace grisâtre rend confus les rochers et les broutis; les buissons de nopals prennent des formes fantastiques de groupes d'hommes arrêtés dans des poses bizarres et des mouvements désordonnés. Le grand silence du crépuscule enveloppe la nature entière, seulement interrompu par les cris nocturnes des chacals ou des chouettes et par les exhortations prolongées que le Maltais prodigue à ses chevaux ralentis, en les interpellant de sa voix de tête la plus aiguë.

Il fait à présent nuit noire. La voiture est fermée, les glaces sont relevées. Une chandelle collée sur une boîte à cigares éclaire cet intérieur pittoresque, où des couvertures, des livres, des cigarettes, des cartes, des armes encombrent les banquettes et nos genoux. Sur le siège, Mohammed paraît somnolent. Le Maltais ne cesse d'encourager ses chevaux. Lentement cahotés sur le sable profond de la piste, nous nous faisons l'effet de suivre quelque invisible corbillard.

A de rares intervalles, nous apercevons des feux au loin : ce sont les gourbis disséminés devant lesquels les Kabyles brûlent toute la nuit des branches sèches et des fientes de chameaux, pour écarter les fauves. La fraîcheur augmente ; enroulés dans nos plaids, nous nous abandonnons peu à peu à une douce somnolence, un peu gênée par le grincement des roues et des traits distendus.

Soudain, nous sommes tirés de notre sommeil par une violente dispute. La voiture est arrêtée ; sur le siège, Mohammed et le Maltais se querellent. Il paraît que, depuis une heure, nous tournons dans un même cercle. Il fait nuit noire ; il est impossible de chercher sa route dans ces broussailles que traversent de vagues pistes, nous avons perdu la ligne des poteaux télégraphiques ; nous sommes égarés. Mohammed et le cocher se rejettent la faute l'un sur l'autre ; ils donnent leur avis tous deux à la fois ; le plus clair de leur dispute est qu'il nous est à présent impossible de savoir si Tunis est devant ou derrière nous, et nous avons négligé d'emporter une boussole. L'obscurité est complète. La lune ne se lèvera qu'à une heure du matin. Nous n'avons pour éclairer la situation que nos deux lanternes et cette obscure clarté qui tombe des étoiles. Il n'y a en vue aucune habitation ; nous nous résignons déjà à nous envelopper de nos couvertures et à attendre le jour au pied de ces montagnes, comme dans les opéras comiques. Heureusement, le Maltais, en explorant les environs, vient d'apercevoir à quelque distance, le feu d'un gourbi. Il prend une des lanternes pour se diriger vers ce modeste asile, où on lui indiquera tout au moins la direction de Tunis. Nous souhaitons qu'il nous rapporte ce renseignement sans nous ramener quelques mauvais drôles de Bédouins qui se feraient un plaisir de nous faire payer leur service en nous dévalisant. Nous l'attendons l'arme au poing. Héroïsme inutile ! Le Maltais revint seul, calme et réjoui, avec les indications suffisantes pour nous guider par à peu près. Ces nomades sont d'une bienveillance ridicule. Nous regrettions à présent l'escarmouche rêvée. Les dangers imaginaires, comme tous les rêves, laissent des déceptions après eux.

Cette fois, nous cinglons vers le nord. Quelquefois, deux yeux de chacal brillent sur un talus sombre, comme des escarboucles sur du velours noir. Doucement bercés sur les coussins, nous reprenons le cours de notre somme interrompu, et dans nos rêves nous voyons bondir des lions et des Kabyles.

— Ah! mais qu'est-ce encore, Mohammed?

Nous voilà de nouveau à l'arrêt. Nous sautons en bas de la voiture. L'air est pur et calme, les étoiles brillent, la lune se lève, la campagne est déserte et silencieuse, et ce paysage de nuit aurait toute notre attention si une de nos bêtes n'était à terre. C'est le second cheval « frais » de Zaghouan qui s'est abattu. Mécontent sans doute de voir que son compagnon était resté à l'écurie, il ne voulait pas prolonger davantage une promiscuité fatigante au milieu de chevaux qui ne lui étaient de rien. Être forcé de retirer un cheval à sa voiture est toujours un mécompte désagréable; mais il est pire quand, à dix lieues à la ronde, il faut s'attendre à ne trouver ni un douar ni une auberge pour laisser en dépôt la bête récalcitrante. Nous prîmes le parti de l'attacher à l'arrière-train du véhicule et de traîner à notre remorque ce noble animal dont nous n'avions décidément pas fait la conquête.

Nous avions perdu toute envie de dormir. Nous entendions souffler les trois malheureux chevaux qui, depuis six jours, avaient le lourd honneur de nous voiturer. A tout instant, il fallait s'attendre à les voir s'abattre à leur tour. La buée de leurs naseaux flottait en petits nuages dans la traînée lumineuse des lanternes. L'équipage oscillait, hésitait, prenait une allure inquiétante. A la première montée, il nous fallut mettre pied à terre. Nous devions alors former un groupe curieux dans la nuit sombre. Drapés dans nos burnous, coiffés de casques blancs, chaussés de babouches, éclairés par les lanternes et par une bougie que Mohammed tenait à la main, nous allions devant, cherchant la piste entre les buissons touffus. A notre suite, le Maltais tirait par la bride son piteux attelage; le grand landau nous suivait cahin-caha, comme un fourgon d'ambulance sur un champ de bataille, traînant après lui la maigre haridelle de Zaghouan. Dans un marais voisin, toute une armée de grenouilles coassait, et leurs ironiques brékékéké coax coax semblaient un écho railleur de leurs quolibets et de leur malicieuse gaieté. Depuis leur naissance, les plus vieilles même n'avaient peut-être jamais eu la joie d'assister à un défilé aussi plaisant que le nôtre.

Notre embarras ne diminua pas par la suite. En général, les cours d'eau dans ce pays ne gênent pas la circulation, puisqu'ils « coulent à sec », suivant l'ingénieuse expression d'Alexandre Dumas, et qu'il suffit de descendre dans leur lit pour remonter sur l'autre berge. La fatalité voulut qu'il y

eût précisément un ruisseau plein dans nos
parages, et que nous nous trouvions sur ses
bords vers deux heures du matin en fort comique équipage. Par aventure, le guide con-
naissait un gué, mais malheureusement l'eau
n'était pas au goût du cheval de Zaghouan,
toujours lié derrière la voiture. Il est évident
qu'une rivière où coulait de l'eau lui parut
un phénomène rare, qu'il crut le monde bou-
leversé et sa dernière heure venue.

Le désespoir décuple les forces : d'un coup
de tête il brisa sa longe, et quand nous fû-
mes de l'autre côté, le landau était allégé de
sa monture d'arrière-garde. Sur la rive, le
cheval était demeuré immobile, la longe pendante, comme médusé par ce courant. Il ne
l'était peut-être pas autant que notre cocher.
Voilà un homme désolé, qui commence à jeter son bonnet à terre, à piétiner de rage :
« Quel malheur, mes bons messieurs! Si je
vais le chercher et qu'il se sauve, il va se
perdre bien loin dans le désert! Je n'oserai
plus rentrer chez mon patron! Me voilà ruiné!
oh! le chien de cheval! » Tout en gémis-

sant, il relevait son pantalon jusqu'aux cuisses, et se préparait à repasser le gué pour aller rechercher l'enfant prodigue. Soit que le spectacle de l'eau l'intéressât au point de l'absorber, soit qu'il dormît de fatigue, le cheval ne broncha pas et se laissa prendre par la bride. Le Maltais l'enfourcha radieux. Les grandes appréhensions sont la source des plus grandes joies, et le plaisir naît de la souffrance. Je ne sais si notre cocher se rendit compte de ce petit phénomène moral, mais il ne voulut plus quitter l'ingrat, soit qu'il l'aimât beaucoup pour lui avoir procuré une douce émotion, soit que nous nous attachions davantage à nos obligés, soit plutôt pour que la bête n'eût plus envie de s'esquiver. L'intéressant quadrupède ne lui sut aucun gré de cet attachement, et à la première occasion, il lui allongea un coup de dents qui lui fendit un doigt. Il manquait, en effet, à nos aventures que notre automédon fût estropié. Vite, nous nous empressons; mes amis tirent leur trousse, bandent la victime toute pâle sous la lueur des lanternes. Mohammed crie le plus fort et se lamente. Nous commençons, à cette heure tardive, à nous croire abandonnés d'Allah.

Nous avançons péniblement. Soudain, une petite lumière brille au loin. Mohammed croit que c'est un relai. Nous nous dirigeons de ce côté, semblables aux sept frères du petit Poucet. Enfin nous y voici. Nous sommes devant une petite masure en planches, isolée dans la plaine sans fin. Près de l'entrée, un chameau couché rumine, chargé de gros ballots de dattes. Par la baie de la porte grande ouverte nous apercevons les deux chameliers assis à une table. Quant à nous, nous présentons un aspect pittoresque. Les chevaux sont dételés; le Maltais leur a attaché au col leur sac d'avoine. La voiture hermétiquement fermée, le timon relevé, a l'air d'un carrosse abandonné, récemment dévalisé. Le chameau nous regarde en balançant lentement son long cou. La petite cahute dessine sa silhouette carrée sur le ciel sombre. Une nappe de lumière s'échappe par la porte et éclaire un gros chien noir étendu devant le seuil. Mohammed déboucle le sac aux provisions, car il est probable que nous ne trouverons rien dans ce restaurant exigu et modeste. L'hôtelier vient nous prier d'entrer. Nous sommes chez le père Antonio, un Sicilien expatrié qui a imaginé d'installer ici sa buvette pour la commodité des chameliers. C'est un grand vieillard sec, à barbe blanche, vêtu du costume arabe qui contraste avec son accent italien quand il parle français. Il a l'air d'un héros des Vêpres Siciliennes. Quand il verse à boire, on dirait Leontio Siffredi trinquant avec le Connétable. L'unique chambre de la masure est d'une simplicité qui pourrait être plus confortable, mais qu'on ne pourrait pas réduire. Sur la terre battue posent une petite table et deux bancs de bois. Dans un coin, des cendres et des bûches calcinées entre deux pavés; çà et là des cruches de terre blanche, un tonneau d'eau fraîche, des corbeilles d'alfa, des paquets de ficelles, quelques harnais. Une lampe pend d'une des poutres

entre un jambon à demi rogné et un panier
d'œufs. Au fond, un rideau rouge nous
cache les appartements privés de madame
l'aubergiste, qui habite un coin de la chambre.
Elle est couchée; sa voix aiguë se fait entendre par moments pour dire des injures à
son mari.

Père Antonio, nous mourons de faim! Le
bonhomme s'excuse. Il ne peut nous offrir
que du fromage et du pain. Nous nous atta-
blons, en face des deux chameliers qui achèvent leur repas modeste et taciturne, déjà prêts
à repartir. Le chameau a l'allure si lente, que
les marchands doivent voyager de nuit. Ils
le suivent à pied. Ils vont doucement, donc
ils vont sainement, mais longtemps aussi.

Le couvert est mis. Sur la table en bois,
Mohammed a disposé nos provisions et celles
de la case : un pichet de mauvais vin, un
pavé de fromage posé à même sur le bois,
une miche de pain, trois canifs, notre
flacon d'eau minérale, des figues de Barbarie, des œufs : c'est un festin de Balthazar.
Il nous fait tant plaisir de revoir des êtres,

que nous n'hésitons pas à faire la fête, et à nous induire en de folles dépenses : nous faisons piquer sur la table trois chandelles supplémentaires. Cet excès provoqua dans ce modeste intérieur une surprise flatteuse; le chien grogna et changea de place. Notre banquet fut plus vite terminé que ne le sont d'ordinaire les repas de corps. Les chevaux ayant été attelés après un court repos, Mohammed étant désaltéré, le Maltais ayant été de nouveau pansé, nous nous introduisons dans notre prison roulante, et nous repartons. Nous ne tardons pas à nous endormir.

Mohammed, du haut de son siège, frappe à la vitre de la voiture. J'ouvre. — Quoi encore? — Aquedouc, mousu Câti! — Je me frotte les yeux. Mes compagnons dorment; je les réveille; nous allumons une chandelle; il est trois heures du matin; nous stoppons. La nuit est claire et fratche, le ciel est constellé de points d'or, la lune argentée se détache bien nette en avant du fond azuré, suspendue dans le vide, éclairant vivement la campagne noyée dans une lumière intense et violette; elle illumine chaque détail, les cailloux, les touffes d'herbe, les buissons, le sable de la piste où nos roues ont creusé des ornières entre les pas des chameaux qui ont passé là dans le jour. Une buée lumineuse et chaude entoure nos chevaux qui halètent. Le cocher cherche vainement un peu d'eau pour les abreuver. La plaine immense semble un décor d'opéra, noyé dans les reflets bleuâtres d'une projection électrique. Devant nous se déroulent dans une longue perspective les splendides ruines de l'aqueduc de Mohammedia, construit sous Hadrien. Les Romains ne connaissaient pas encore la théorie du siphon; ils amenaient l'eau de Zaghouan à Carthage par cette pente douce qui se continue sur une longueur de cent vingt-quatre kilomètres. C'est une longue série d'arcades qui s'étend devant et derrière nous à perte de vue. Elle pose sur des piliers qui s'allongent ou se raccourcissent suivant les inéga-

lités du sol, pour maintenir au même niveau
le tablier supérieur. Au-dessus du fleuve
desséché, l'oued Miliana, au fond duquel
nous sommes arrêtés, les arches ont vingt-
cinq et trente mètres de hauteur.

On aurait peine à imaginer un spectacle
plus imposant que cette halte de nuit par
un beau temps clair au pied de ces ruines
colossales. Au loin, pas un bruit, pas une
âme, pas une tente; le silence et le désert
jusqu'aux montagnes qui s'estompent là-bas.
On n'entend que le coassement des grenouilles dans l'eau verdâtre, et quelquefois
le grognement d'une hyène, qui fait cabrer
les chevaux. Les gigantesques arcades se
succèdent, les unes complètes et arrondies,
les autres éventrées, crevées, béantes, s'ouvrant entre les deux piliers disloqués dont
les briques effondrées ont formé entre leurs
bases un monticule envahi par le sable,
nid broussailleux de lézards et de serpents.
Les deux amorces de l'arche éboulée semblent, dans cette échancrure bizarre déchi-
quetée sur le ciel, deux bras de pierre vai-

nement et éternellement tendus l'un vers l'autre. Aussi loin que la vue s'étend, en avant et en arrière, la longue ligne de pierre se continue, rayant toute la plaine d'une barre inflexible, trouée d'arches, qui va se rapetissant à mesure qu'elle est plus loin de l'œil, jusqu'à l'horizon où sa base et son faîte semblent se toucher et s'affiler en pointe comme pour transpercer le ciel au niveau de la terre: œuvre gigantesque, devant laquelle on demeure confondu quand on songe aux difficultés qu'il a fallu vaincre pour apporter et édifier sur une telle longueur, à travers ces steppes sauvages, cette masse de pierres qui guidait le mince filet d'eau destiné à alimenter Carthage et les villas de plaisance des riches Romains.

L'aube commence à rayer l'horizon d'un liséré de lumière blanche. La nuit est déjà moins épaisse et les objets apparaissent comme à travers une gaze. Clopin-clopant, nos haridelles nous ont amenés jusqu'aux portes de Tunis. Pendant que le Maltais les détèle devant l'abreuvoir en sifflant pour les inviter à boire, les douaniers du poste ont endossé leur burnous et ont mis à la lucarne leur tête bronzée et effarée. Ils n'ont pas l'habitude de voir à cette heure matinale un attelage aussi imposant et aussi burlesque stopper à leur porte. Nous devons bien avoir la mine de contrebandiers, avec nos plaids enroulés et nos casques blancs défoncés. Ces honorables fonctionnaires flairent sans doute une bonne capture, car ils prennent leurs carabines pour procéder à leur visite.

Ils mettent sens dessus dessous notre modeste intérieur, et s'acharnent à découvrir nos caisses prohibées. Il ne leur paraît pas vraisemblable que des individus de notre espèce, à cette heure insolite, ne cherchent pas à introduire en fraude dans la ville des produits dangereux ou explosibles. Après avoir sondé les banquettes et les coussins, fait résonner le fond de la voiture, exploré le siège, ils procèdent à l'interrogatoire. Comme ils parlaient arabe, Mohammed est désigné pour faire l'office d'orateur de la troupe. Il a l'éloquence un peu somnolente ce matin. Enfin nous finissons par comprendre qu'on nous demande nos papiers. Ils sont dans un sac bouclé et nous trouvons gênant de nous attarder encore à ce déballage. L'un de nous a une idée géniale : on devient ingénieux après une traite de nuit. Il ouvre son portefeuille et en tire quelques paperasses : des cartes de visite, le menu du dernier dîner sur le paquebot. Les officiers du pouvoir ne sachant ni lire ni parler le français, contemplent avec intérêt ces documents mystérieux, les retournent, les palpent. Mohammed leur assure cependant que ce sont des pièces d'identité, et que nous avons en outre dans le coffre une lettre de M. Massicault. Toutes ces preuves réunies paraissent les rassurer sur notre honnêteté. Soit par le désespoir de rien découvrir, soit par la hâte de rentrer dormir, ils nous laissent aller.

Les fers des chevaux sonnent languissamment sur le pavé des rues désertes entre les maisons closes. Il fait jour; des fellahs et des ouvriers commencent à sortir. Les garçons de l'hôtel sont levés quand notre équipage s'arrête enfin au terme du voyage. Une dernière surprise nous attendait. Le nombre des touristes est tel que nos chambres sont occupées, il n'y a plus un lit disponible. A bout d'admonestations et de remontrances, nous obtenons enfin qu'on nous cédera le salon jusqu'à sept heures du matin, heure à laquelle il faut le balayer pour le livrer aux hôtes pressés d'écrire leur courrier ou de lire les feuilles publiques. Nous fermons les rideaux, nous nous enroulons dans nos plaids, et la tête posée sur la précieuse caisse à photographie, nous ne tardons pas à dormir du sommeil des juges à l'audience.

Deux heures après, le garçon nous apportait une carte de visite, en nous disant que des personnes nous attendaient au bureau. C'étaient de récents amis qui venaient voir si nous étions arrivés, pour nous emmener à leur campagne passer la journée. Nous avons dû être ce jour-là des compagnons bien maussades et bien somnolents; mais la journée était splendide et je garde un charmant souvenir de ces quelques heures de repos dans la jolie villa arabe que baigne la rade de Karthage.

A bord du *Kléber*. Le quai de la Goulette présente une animation inaccoutumée. Le paquebot qui nous prend au passage a débarqué une centaine de Maltais venus pour les grandes fêtes de Tunis. Il y aura une fantasia, des concerts, des revues, toute une variété de festivités bruyantes. A Tunis, les places aux fenêtres font prime. Sur le port, devant les baraquements de la douane, les fanfares maltaises se sont groupées sur le passage de M. Massicault[1].

Les cuivres étincellent au soleil; l'or-

---

[1]. Au moment où nous écrivons ces pages, un grand deuil a frappé la Tunisie. M. Massicault vient de mourir : nous déposons ici l'hommage de nos regrets, d'autant plus sincères que nous avions pu apprécier, lors de notre passage à Tunis, ses hautes qualités administratives, son bon sens solide, sa clairvoyance et son affabilité.

chestre éclate en une symphonie sonore;
les drapeaux flottent aux fenêtres, aux mâts,
aux bastions; dans la plaine, des cavaliers
arabes, armés de longues carabines, prélu-
dent aux exercices de la réjouissance éques-
tre; la sirène du *Kléber* siffle pour le départ.
Nous laissons la Tunisie en liesse et nous
pouvons, s'il nous plaît, nous attribuer
l'honneur de tous ces préparatifs, comme si
notre protectorat voulait, au lever de l'ancre,
fêter et saluer le bateau de la France!

FIN

TABLE

LE DÉPART. — En mer. — L'oncle jaloux. — Visions africaines. — De Tite-Live à Lesage.   1

LA GOULETTE. — Rameurs nègres. — La douane. — Arabes en niche. — Cuisine exotique. — Tableau de famille. — Moricauds cireurs. — Querelle goulettoise. — Le marchand d'huile. — Didon et le Conseil municipal.   20

TUNIS. — Panorama de Tunis. — Tunis moderne. — Bab el Bahar. — Les Souks. — Sur les toits. — La foire Saint-Germain. — Les guides. — Curiosités artistiques. — Hospitalité intéressée. — Aladin en boutique. — Trop de clinquant. — Vaisselle de terre. — Souk aux diamants. — Parfums d'Orient. — Pâtisserie à l'huile. — Un épicier. — Tisserands. — Tailleurs. — Un mannequin d'occasion. — Ébé-

nistes. — Sellerie. — Le cheval arabe. — Librairies.
— Les lettres en Tunisie. — L'aïeule. — Au café
dansant. — Cabaret arabe. — Le Hammam. — La
main. — Un peu d'économie politique. — Les progrès de la Tunisie 31

LE BARDO. — KASSAR SAÏD. — Replâtrage. — Appartements dorés. — Clinquant et boules de verre. —
La préface de Cromwell. — Armoires à la douzaine.
— Le jardin des Hespérides. — Le bon janissaire. 79

CARTHAGE. — Le Cardinal. — Visions d'antan. —
Les engloutissements. — Aux citernes. — Poésie et
ponts et chaussées. 90

DE TUNIS A DAR EL BEY. — Au temps des diligences. — Le bon Mohammed. — Quatre climats
par jour. — Conseils pratiques. — KROMBALIA. —
Le télégraphiste et l'*Astrée*. — Le caravansérail de
Bir el Bouïta. — Ombres, lumière et chaleur. —
Sites de la route. — L'Enfida. — Vercingétorix et
Boule-de-Neige. — Le gargotier du désert. — L'eau. 98

DAR EL BEY. — Une foire arabe. — A l'auberge. —
Le comptable et Mireille. — Concert indiscret. —
Réception chez le caïd. — La dînette. — Allégorie
et pots de miel. — Départ matinal. — Citerne pittoresque. — Monsieur, madame et Bébé. — Bivouac
à la Méry. — La chaîne des prisonniers. — La Justice et la Nature. 115

EN ROUTE POUR KAIROUAN. — UN GOURBI. —
Galanterie et lait caillé. — Philosophie du cigare.
— Heureux Kabyles ! 126

TABLE

Pages.

KAIROUAN. — Muezzins d'Orient et carillons de Flandre. — Les mosquées. — Sidi-Obka. — Les margelles dentelées. — La citerne du Chameau. — Le chameau de la citerne. — A travers les nefs. — Les piliers du Paradis. — Sur le minaret. — Sidi-Sahab. — Les barbiers parvenus. — Le sépulcre. — Les *ex-voto*. — Le séminaire de l'Islam — Les normaliens du Koran. — L'excellent Sidi-Amer-Abbada. — Un bijou de famille. — Prophéties curieuses. — Les ancres. — Sabres et chaufferettes. — Chez les AÏSSOUAS. — Le marché de Kairouan. — Cordier et maréchal-ferrant. — Le carrefour. — Un enterrement. — Pleurs de première classe. — L'Homère kabyle. — Les contes arabes 136

SOUSSA. — Hadrumetum. — Causeries littéraires. — La rade. — *Barral* — Les Souks. — Chez le barbier. — Les soirées au café. — Le petit coucher d'une jolie Juive. — Un *home* arabe. — Harem et trôleurs. 222

MONASTIR. — Le beau facteur. — Un gué. — Chez Ali-Baba. — Les caves d'huile. — La noce du caïd. — A la Zaouïa. — La plage. — Cimetière régional 241

ZAGHOUAN. — Accident de voiture. — Zaghouan. — Entrée pittoresque et périlleuse. — La grand'rue. — Nid sauvage. — HENCHIR-AÏN-KASBA. — La Tunisie sous la pluie. — Le *Nymphæum*. — Dieux abandonnés. — Le buste 253

LE RETOUR. — Les chevaux refusent le service. —

Perdus dans la nuit noire. — Cheval récalcitrant. — Pèlerins grotesques. — L'enfant prodigue. — Le sang coule. — Le père Antonio. — Scène nocturne. — L'aqueduc de Mohammedia. — La douane et l'aurore. — Le bon billet. — Adieux à Tunis. — Fanfares maltaises. — A bord du *Kléber* . . . . . , 266

www.ingramcontent.com/pod-product-compliance
Lightning Source LLC
Chambersburg PA
CBHW071524160426
43196CB00010B/1652